Gruppendy

Herausgegeben von
Annelise Heigl-Evers

VANDENHOECK & RUPRECHT IN GÖTTINGEN

Kleine Vandenhoeck-Reihe 1385

Gesamtherstellung: Hubert & Co., Göttingen

ISBN 3-525-33345-5

INHALT

VORWORT

Gruppendynamik, ein heute oft benutzter Begriff, ist sozusagen modern. Dienstleistungen unterschiedlicher Art werden darunter verstanden. Gelegentlich gilt Gruppendynamik als euphorisierende Zauberformel gegen Probleme und Schwierigkeiten in den verschiedenen Bereichen sozialer Kommunikation, vornehmlich in den „Notstands"-Gebieten des Bildungswesens. Bei manchen weckt Gruppendynamik die Hoffnung auf einen neuen Weg emanzipatorischer Selbstbefreiung. Und Gruppendynamik ist bei alledem auch Gegenstand der Forschung und kritisch reflektierten Praxis.

Gruppendynamik wird in folgender Weise definiert: Sie bedeutet: 1. die Dynamik oder die Veränderung von Ursache — Wirkung — Beziehungen in sozialen Gruppen; 2. die wissenschaftliche Erforschung von Kommunikationssystemen und Interaktionsprozessen; 3. die praktische Anwendung gruppendynamischer Erkenntnisse z. B. in der Hochschuldidaktik, in sozialen Institutionen, in der psychosozialen Rehabilitation und 4. die Vermittlung gruppenpsychologischer Kenntnisse durch Lehrveranstaltungen in Form des sogenannten gruppendynamischen Laboratoriums (GDL) oder gruppendynamischen Seminars.

Zur Zeit befinden sich die Gruppendynamiker hierzulande in einer Phase kritischer Überprüfung hinsichtlich ihrer Zielsetzungen. Das Problem der gesellschaftlichen Wirksamkeit der von der Gruppendynamik entwickelten, auf Emanzipation abzielenden Techniken steht dabei im Mittelpunkt.

Die hier vorgelegte Auswahl von Schriften aus dem Periodikum „Gruppenpsychotherapie und Gruppendynamik" möchte in den Grundzügen darüber informieren, wie das Instrumentarium der Gruppendynamik beschaffen ist.

Göttingen, Mai 1973 — Annelise Heigl-Evers

Adolf Martin Däumling

Sensitivity Training*

Sensitivity Training ist eine Methode, das zu lernen, was im privaten und beruflichen Leben in der Regel nicht oder nur schwer gelernt werden kann, nämlich eigene und fremde Verhaltensweisen subtil aufeinander abzustimmen. Wie schwer es den meisten Menschen fällt, wenn sie selbst emotional engagiert sind, einem anderen zuzuhören und dabei das differenziert aufzufassen, was der Partner eigentlich meint, das zeigt etwa der typische Ehestreit. Dem Vorgesetzten in exponierter Position pflegt niemand deutlich zu machen, wie „eigenartig" er sich verhält. Besonders leicht verfallen Angehörige lehrender oder helfender Berufe in einseitige Verhaltensweisen, denn man erwartet von ihnen gemeinhin immer Überlegenheit, Selbstsicherheit und Menschenkenntnis, was zur Ausbildung „blinder Flecke", wenn nicht gar zum Erblühen einer Berufs-Neurose führt. Schließlich sind heutzutage fast alle Berufssparten in erhöhtem Maße auf Kooperation angewiesen, also auf Abstimmung ihrer gegenseitigen Belange.

Das Sensitivity Training ist ein Verfahren innerhalb der Gruppendynamik, mit der es häufig gleichgesetzt wird, obwohl noch andere als spezifisch gruppendynamische Trainingsformen Verwendung finden. Die Gruppendynamik weist zwei Aspekte auf: 1. den Aufgabenbereich der wissenschaftlichen Erforschung von Kommunikationssystemen bzw. Interaktionsprozessen (vgl. Hofstätter) und 2. die praktische Anwendung der entsprechenden Erkenntnisse, z. B. in Laboratorien oder Kursen.

Wenngleich das Sensitivity Training weitgehend als „Angewandte Gruppendynamik" zu bezeichnen ist, so schließt dies nicht aus, daß es, über seine Wirkabsicht auf Einzelne und Gruppen hinaus, auch wissenschaftlich verallgemeinerbare Ergebnisse zeitigt. Hiervon soll später noch die Rede sein.

Zunächst aber seien die Begriffskomponenten des Sensitivity Trainings kurz erläutert:

Der englische Begriff „Sensitivity" ist schwer zu übersetzen. Beim deutschen Wort „sensitiv" denkt man entweder an die Medien, mit denen sich die Parapsychologie befaßt, oder an den Beziehungswahn. Hier aber ist die völlig normale Fähigkeit des adäquaten Aufnehmens und Beantwortens von Kommunikationssignalen gemeint. Es geht dabei so-

* Der folgende Beitrag basiert auf zwei früheren Arbeiten des Verfassers, Fundorte s. S. 144.

wohl um die individuelle Rezeptions- und Expressions-Basis, die man mit Empfindsamkeit, Feinfühligkeit oder Anpassungsfähigkeit bezeichnen könnte, als auch um die kollektiven Reaktionen und Aktionen, die in typischen Situationen erfolgen, sofern Gruppenverhalten eben nicht nur ein kalkulierbares Produkt aus individuellen Dispositionen darstellt.

Sensitivity bezieht sich im weitesten Sinne auf Informationsaustausch, insbesondere auf die Bedingungen, unter denen Zeichen und Äußerungen aufgenommen bzw., die Wirkung antipizierend, ausgesendet werden. Man könnte bildhaft auch von Resonanz- und Interferenz-Phänomenen sprechen, die sich ständig zwischen den Menschen ereignen.

In psychologischer Terminologie ausgedrückt, erstreckt sich Sensitivity auf drei Bereiche, die sich naturgemäß überschneiden:

1. Der sozial-kognitive Bereich, der die Wahrnehmung, Beurteilung und Kenntnis des anderen, einschließlich der Täuschungs- und Vorurteilsquellen, umfaßt;
2. der motivationale Bereich, besonders die Fähigkeit, individuelle Beweggründe in vielfältigen Situationen aufzufassen und auf dem Hintergrund dispositioneller Gegebenbeiten zu verstehen;
3. der expressive Bereich mit der feinen Abstufung der spontanen Ausdrucksmittel und der Abstimmung sprachlicher Äußerungen auf die Mentalität des Partners, ohne dabei an natürlicher Emotionalität einzubüßen, d. h. unecht zu werden.

In diesem Zusammenhang wird bereits deutlich, daß Sensitivity nicht Selbstzweck ist und nur *eine* Seite des Trainings kennzeichnet. Es schafft lediglich die Voraussetzung für höhere Effizienz der kommunikativen Bemühungen. Man könnte daher, vor allem im Hinblick auf Personalführung, dem Sensitivity Training ein „Efficiency Training" zur Seite stellen.

Der Begriff „Training" deutet (vor allem im deutschen Sprachgebrauch) an, daß es sich nicht um Vermittlung abstrakten Wissensstoffes handelt, sondern um vorwiegend emotionales Erleben, Erfahren und Erproben der eigenen wie der fremden Verhaltensnormen und deren Änderung. Gewiß steht das Üben nicht so im Vordergrund wie etwa beim „Autogenen Training". Aber die Laboratoriumsform mit 1—3 Wochen Dauer und die Akzentuierung emotionaler Momente im aktuellen Gruppenprozeß unterscheiden das Sensitivity Training von Ausschüssen, Debattierklubs oder Seminaren.

Die Methodik des Sensitivity Trainings gliedert sich in verbale Interaktionen und nonverbale Expressionen. Im Mittelpunkt steht die T-Gruppe als typische face-to-face group. Aus dem reichen Repertoire an verbalen Einzelmethoden, über die der Trainer verfügt, sollen zwei als besonders charakteristisch herausgehoben werden. Beide gehen von dem

Hier-und-jetzt-Prinzip aus, d. h. Gegenstand der Bearbeitung sind in erster Linie Vorgänge, die in der Gruppe sich manifestierten, während persönliche Reminiszenzen und Ereignisse außerhalb der T-Gruppe zurücktreten.

Die erste und wohl zentrale Methode wird als Feedback bezeichnet. Diese „Rückspiegelung" des Einzelverhaltens, insbesondere der emotionalen Anteile, kann durch alle Gruppenmitglieder, einschließlich Trainer, erfolgen oder paarweise außerhalb der Gruppensitzungen durchgeführt werden (pair interviews). Wichtig ist dabei, daß diejenigen, die Feedback geben, sich um eine möglichst klare Beschreibung des Eindrucks bzw. der Gefühlsreaktion bemühen, die eine bestimmte, eng umschriebene Verhaltensweise ausgelöst hat. Je objektiver die Form, in der das Subjektive der „Spiegelung" angeboten wird, desto besser kann es in der Regel angenommen werden. Der Feedback-Empfangende soll die Äußerungen seines Gegenübers einfach in sich „einfließen" lassen, nicht sofort argumentieren, räsonieren oder sich verteidigen. Die Grundhaltung der am Feedback Beteiligten ist die des Helfens und Sich-helfen-Lassens, nicht des Kämpfens und Recht-Behaltens.

Es geht darum, in einer relativ zum Beruf und öffentlichen Leben ungefährlichen Gruppenatmosphäre etwas darüber zu erfahren, wie das eigene Verhalten auf andere wirkt und wie man selbst auf fremdes Verhalten anspricht; das löst im allgemeinen eine Einsichts- und Änderungsbereitschaft aus, die häufig von Erschütterungen, von affektiven Krisen begleitet ist. Mit diesen Vorgängen befaßt sich die zweite, spezifische Methode des Sensitivity Trainings, die hier beleuchtet werden soll.

Die englische Bezeichnung „Unfreezing" (K. Lewin) charakterisiert das behutsame, systematische „Auftauen" starrer Attitüden, die aus Angstabwehr und Selbstschutz entstanden sind. Voraussetzung für das Unfreezing ist allerdings, daß die habituellen Verhaltensweisen unter Belastungssituationen erst einmal innerhalb der T-Gruppe manifest werden. Allein schon der Umstand, daß der Trainer nicht die erwartete Rolle des zielbewußten Führers oder wissenden Therapeuten übernimmt, pflegt stark frustrierend zu wirken. Dazu kommt noch die Isolierung von gewohnter Umgebung sowie die Fremdheit und Andersartigkeit der Gruppenmitglieder, die gleich anfangs oder auch erst bei engerer Berührung, unter einem gewissen Stress, typische Reaktionen auslösen. Hier setzt nun der Prozeß des Unfreezing ein, der sich nach Schein und Bennis am Kontrast zum Gewohnten, Selbstverständlichen, Unabänderlichen und an der Ambiguität in der unstrukturierten T-Gruppe entfaltet. Als Motto kann das Sprichwort gelten: „Der Fisch entdeckt das Wasser zuletzt."

Gerade die scheinbar so selbstsicheren und routinierten Zeitgenossen geraten dabei etwas „aufs Trockene", was ein Erstaunen und — die

Bereitschaft zu lernen hervorruft. Das Sensitivity Training wirkt teils schockartig im Sinne einer Demaskierung, teils langsam, aber beharrlich enthüllend, vor allem dort, wo man sich unbewußt verschanzt oder allzu elegante Auswege bereitgestellt hat. Die einzelnen Schritte des Unfreezing können mittels Fokussieren, Reinforcement usw. mitunter recht individuell abgestimmt werden und fördern dennoch die Dynamik der ganzen Gruppe. Das gemeinsame Üben innerhalb des Gruppenprozesses macht es dem einzelnen leichter, seine persönliche „Lektion" zu lernen, sofern die zunehmende Hinwendung und Akzeptierung der anderen seine Abwehrmechanismen zu revidieren hilft.

Sensitivity Training bedeutet im Hinblick auf die Feedback-Technik eine innere Befreiung zu differenzierterer Auffassungs- und Ausdrucksmöglichkeit, bezüglich des Unfreezing aber eine für die Alltagsumwelt von Akademikern oft frappierende „Entroutinisierung".

Für Sensitivity Training sind schwere Neurosen kontraindiziert, da sie die Gruppenarbeit weitgehend blockieren können; latente Neurosenstrukturen werden leicht manifest, stören aber im allgemeinen Ablauf wenig. Das entscheidende Erlebnis, das auf die einzelne Persönlichkeit nachhaltig einzuwirken pflegt, ist die Bildung eines „reifenden Wir" (F. Künkel). Es entbindet schöpferische Kräfte, lockert mancherlei Verkrampfung und ermutigt zu ständiger Lernbereitschaft im sozialen Feld.

Gemeinsamkeiten mit der Gruppentherapie sowohl in den theoretischen Grundlagen als auch in bestimmten Verfahrensmerkmalen — die Unterschiede sollen anschließend veranschaulicht werden — führten zu einer Kennzeichnung des Sensitivity Trainings als „Therapie für Normale". Damit rückt es hinsichtlich des beabsichtigten Klärungseffektes in die Nähe der Lehranalyse, die den angehenden Psychotherapeuten u. a. auf spezifische emotionale Belastungen vorbereiten will.

Alle Autoren, die über die gruppendynamische Laboratoriumsmethode und das Sensitivity Training publizierten, sind sich darin einig, daß die wesentlichsten Informationen nur durch Teilnahme an solchen Veranstaltungen gewonnen werden können. Das gilt wohl genauso für analytische Gruppenpsychotherapie, für das Psychodrama oder für Balint-Gruppen. Daher sollen die orientierenden Darlegungen auf zwei Vergleichsgruppen konzentriert werden:

Therapie-Gruppe	Balint-Gruppe	Trainings-Gruppe
	1. Teilnehmer	
Patienten, leidend, gehemmt, verletzbar	Kollegen, helfend, solidarisch, routiniert	Lernende, nicht-leidend, sehr verschieden motiviert

	2. Ziele	
Heilung, Kontaktherstellung	Unterweisung, Erfahrungsaustausch	Geschicklichkeit (skills), Verbesserung der Kooperation
	3. Leiter-Status	
Therapeut, kein Gruppenmitglied, da nicht Patient, Prestige automatisch	Arzt, primus inter pares, an Erfahrung überlegen, Prestige zumeist vorgegeben	Trainer, kein Rangunterschied, aber Spezialkenntnisse, Prestige muß erworben werden
	4. Leiter-Verhalten	
beschützend, lenkend, interpretierend	klärend, anregend, „korrigierend"	passiv, angstregulierend, fokussierend
	5. Abfolge	
monatelang wöchentlich einzelne Stunden	wöchentlich bis monatlich einzelne Stunden ambulant	1–3 Wochen permanent in „Klausur"
	6. Aufgabe	
unbegrenzt, alte „patterns" abbauen	thematisch begrenzt, „patterns" revidieren	funktional begrenzt, neue „patterns" erlernen
	7. Gruppe	
Unterschiedlich strukturiert, subsidiär	strukturiert, zweckgebunden, autonom	unstrukturiert, selbst Gegenstand, Aktions-Feld

I. Normen des Sensitivitäts-Trainings im Trainer-Urteil

Wer sich durch eine Methode herausgefordert fühlt, die sich von analytischer Gruppenpsychotherapie, von sozialfürsorgerischer Gruppenarbeit oder schulischer Gruppenpädagogik abhebt, wird zu Recht als erstes die Frage nach der Erfolgskontrolle aufwerfen. Entsprechende Untersuchungen, die sich auf Persönlichkeitstests vor und nach einem Training sowie auf Schätzungsskalen während des Trainingsverlaufs stützen, sind am Psychologischen Institut der Universität Bonn bereits seit geraumer Zeit in Angriff genommen, aber noch nicht abgeschlossen. Es kommt vor allem darauf an, in größerem zeitlichen Abstand von einem Trainingskurs Nachprüfungen mit möglichst objektiven Kontrollverfahren vorzunehmen. Für das Jahr 1970 sind bei Gruppen von Personen, die bereits einmal ein Training mitmachten, Erhebungen darüber vorgesehen, welche passageren oder habituellen Verhaltensweisen sich unter welchen Umständen ändern. Sporadischen, überwiegend positiven Äußerungen einzelner Trainingsteilnehmer ist natürlich kein wissenschaftliches Gewicht beizumessen. Hingegen könnten die starke Nachfrage und die steigenden Kursanmeldungen als Indiz für eine positive Beurteilung des Verfahrens gewertet werden.

Die Frage, welcher organisatorische Rahmen eines Sensitivitäts-Trainings die besten Ergebnisse erwarten läßt, kann naturgemäß nur von den Trainern hinreichend beantwortet werden, zumal sie den Gruppenprozeß wie das Verhalten einzelner so objektiv wie möglich zu begleiten suchen. Bei aller Verschiedenheit der wissenschaftlichen Vorbildung, des Stils und des Erfahrungsumfangs der Trainer läßt ein gewisser Consensus darauf schließen, daß äußere Planung und organisatorischer Aufbau nicht beliebig variierbar sind, sondern bestimmte Faktoren sich als der inneren Dynamik förderlich bzw. abträglich erwiesen.

Anläßlich einer außerordentlichen Mitgliederversammlung der Sektion Gruppendynamik des Deutschen Arbeitskreises für Gruppenpsychotherapie und Gruppendynamik wurde im September 1969 in Karlsruhe eine Enquête durchgeführt. Sie sollte aufgrund mehrjähriger Erfahrungen der deutschen Trainer im In- und Ausland die Normvorstellungen für die äußere Gestaltung eines Sensitivitäts-Trainings umreißen. Selbstverständlich handelt es sich dabei um eine grobe, nicht detailliert begründete Erfahrungssichtung, deren Ergebnis auch keinen Anspruch auf wissenschaftliche Absicherung erheben kann. Dennoch dürfte dieser Expertenkonsens ein anschauliches Bild des Trainingsrahmens im Sinne eines Normbereiches (Minimum — Durchschnitt — Maximum) abgeben. Die einheitliche Zahlenkombination beruht zwar nicht auf einem Halo-Effekt, wird aber aus mnemotechnischen Gründen willkommen sein.

Laboratoriums-Norm

	min. max.	
Trainingskurs-Dauer:	6 – 10 – 14	Tage
bei 1 – 3 T-Gruppen je	6 – 10 – 14	Teilnehmer
je Laboratorium	14	T-Gruppen-Stunden

Weitgehende Übereinstimmung besteht bei den Trainern über die theoretischen Grundlagen, die zugleich der historischen Entwicklung der gruppendynamischen Laboratoriums-Methode entsprechen. Tiefenpsychologie und Sozialpsychologie werden als unabdingbare Voraussetzungen anerkannt, zugleich aber in der Praxis unterschiedlich akzentuiert. So achtet etwa der speziell tiefenpsychologisch vorgebildete Trainer mehr auf Triebthematik und Abwehrmechanismen einzelner Gruppenmitglieder, während der sozialpsychologisch erfahrene Trainer z. B. Interaktions- und Rollen-Besonderheiten innerhalb der Gruppenstrukturen zu betonen pflegt. Beide Aspekte ergänzen sich aber notwendigerweise, sofern die Trainingsgruppe weder ausschließlich Mittel zur „Therapie“ isoliert agierender Individuen ist, noch ohne die Eigendynamik der Gruppenmitglieder in ihrem Kooperation ermöglichenden Strukturierungsprozeß zureichend verstehbar wird.

Obwohl die verschiedenen methodischen Schritte keineswegs ohne theoretischen Hintergrund denkbar sind, liegt die Herausforderung des Sensitivitäts-Trainings denen, die es systematisch anwenden, gegenüber weniger im Theoriebereich, als in der praktischen Gestaltung. Jedes Laboratorium und jede T-Gruppe bringt neue Bedingungen und Situationen, auf die sich der Trainer einzustellen hat. Er appliziert nicht eine scharf umrissene, „vorfabrizierte“ Abfolge methodischer Detailmaßnahmen, sondern gestaltet quasi in künstlerischer Freiheit und unter ständiger Situationskontrolle den Gruppenprozeß. Darin gründet nun die wissenschaftliche Problematik, die an charakteristischen Merkmalen aufgewiesen sei.

II. Typische und umstrittene Merkmale des Sensitivitäts-Trainings

1. Initiale Unstrukturiertheit mit frustrierender bzw. evozierender Wirkung kennzeichnet in besonderem Maße die T-Gruppen-Arbeit gegenüber der Gruppenpsychotherapie, die auf die Situation neurotischer Patienten Rücksicht nehmen muß. Der Zeitpunkt und die Art, in der der Trainer in das spontan sich entfaltende Gruppengeschehen eingreift und damit Strukturierungsversuche in Gang setzt bzw. verstärkt, pflegt stark zu variieren. Die individuelle Unsicherheit der Gruppenteilnehmer nimmt zu, solange die Rollenverteilung ungeklärt ist, insbesondere die erwartete Führung durch den Trainer ausbleibt. Unterschiedlich wirkt sich hingegen die mangelnde Gruppenstrukturierung aus: die einen erleben sie frustrierend, ziehen sich in unnahbares Schweigen zurück und stauen Angst bzw. Aggression in sich auf, die anderen treten die „Flucht nach vorne“ an, entladen ihren Unwillen oder reißen die Initiative mit Sachvorschlägen an sich. So kommt der Initialsituation jene evozierende Wirkung zu, die jedes Gruppenmitglied veranlaßt, unbewußt die ihm für Angst- und Konfliktsituationen zu Gebote stehenden Verhaltensmuster darzulegen und damit die Gruppendynamik im Sinne eines Energiegefälles oder affektiver Spannungen zu ermöglichen, ohne daß vom Trainer her dirigierend eingegriffen werden muß. Werden Angst und Frustration zugunsten einer freundlichen gegenseitigen Schonung eingangs abgefangen, so werden sie im späteren Verlauf des Gruppenprozesses meist noch intensiver nachgeholt.

2. Fokussieren von stereotypen Verhaltensweisen, die bei Gruppenmitgliedern unter dem Frustrationsdruck zwangsläufig in Erscheinung treten, bildet daraufhin eine wichtige Funktion des Trainers. Solange jeder in der T-Gruppe stark mit der Klärung und Absicherung seiner eigenen Position beschäftigt ist, wird er dem Verhalten der anderen nur insoweit Aufmerksamkeit schenken, als er selbst davon betroffen wird.

Das „Scharf=einstellen" typischer Aktionen und Reaktionen kann als eine Form der Verdeutlichung, des Aufmerksam=machens und der in=direkten Aufforderung zur Bearbeitung bezeichnet werden, die sich deutlich abhebt von analytischer Interpretation oder pädagogischer Ver=haltensbewertung. Es kommt lediglich darauf an, mit möglichst knappen (eventuell sogar nonverbalen) Hinweisen das wiederholte, stereotype Verhalten bewußt zu machen und damit den Prozeß des „unfreezing", der Gewohnheitsauflockerung, einzuleiten. Die Gruppenmitglieder nei=gen erfahrungsgemäß dazu, dem Trainer diese Focussierungs=Funktion früher oder später abzunehmen (unbewußte Identifikation); vielfach suchen sie ihn noch zu übertreffen, indem sie tiefenpsychologische Kenntnisse zu einer vorschnellen Interpretation des Verhaltens heran=ziehen.

Umstritten ist bisher die Frage, inwieweit der *Trainer* selbst inter=pretierend eingreifen oder Fremdinterpretationen zulassen soll. In jedem Falle wird sein Verhalten normbildend wirken. Dementsprechend erhält die eine T=Gruppe frühzeitig Züge einer psychotherapeutischen Gruppe (mit der Tendenz, aktuelles Verhalten auf Assoziationen und Remi=niszenzen zu beziehen), während die andere mehr phänographisch=interaktionsaufweisend verfährt (mit der Tendenz, nur wissenschaftlich gesicherte Forschungsergebnisse der Sozialpsychologie als Interpreta=tionsmöglichkeiten zuzulassen). Nach Meinung des Verfassers ist die Methode des Fokussierens der des Interpretierens (zumindest in der zeitlichen Folge) vorzuziehen. Sie schafft jenen relativ wertneutralen Rahmen, innerhalb dessen sich die Eigendynamik der Gruppe am besten entwickeln kann.

3. Das Risiko des Sich=Exponierens betrifft jeden einzelnen, der er=fahren muß, daß er nur in dem Maße, in dem er sich selbst engagiert, hilfreiche Reaktionen der Gruppe erhält. Jedes Verhalten (Agieren wie Schweigen) kann Gegenstand der emotionalen oder rationalen Beant=wortung durch eine Vielzahl von Äußerungen der Gruppenmitglieder werden. Am empfindlichsten treffen natürlich Aggressionen die unbe=wußten oder stark abgeschirmten Bereiche eigener Schwächen. Uner=wartete libidinöse Bestätigungen stehen diesen an affektiver Erschüt=terung jedoch kaum nach. Zumal das Sensitivitäts=Training sich vor allem dem Gefühlsbereich widmet, sind die Schutz= und Abwehrtenden=zen umso ausgeprägter, je exponierter jemand sich im Alltag erlebt. Das Training kennt keine psychoanalytische „Grundregel", wonach eine Verpflichtung, alles auszusprechen, vereinbart wird; umso wichtiger ist es für jeden einzelnen, sich zu der Risikobereitschaft durchzuringen, in der er seine Affektivität bzw. Hilflosigkeit einzugestehen vermag. Er=leichtert wird dies durch die gleichen äußeren Bedingungen, die alle in der T=Gruppe vorfinden, erschwert aber durch die habituell ungleichen Schranken, die das Überschreiten konventioneller Grenzen behindern. Dem einen erscheint das Risiko, auf Statusmerkmale zu verzichten, ebenso hoch wie einem anderen, sich der Blamage einer mißzuver=

stehenden Sympathiekundgabe auszusetzen. Die Herausforderung, sich ohne äußeren Reglementierungszwang den Trainingsbedingungen zu stellen, dürfte als eine der wichtigsten Voraussetzungen für nachhaltige Verhaltensänderungen gelten. Insofern bildet das Sensitivitäts-Training eine Art „Ermutigungs-Therapie" für Konventions- und Routine-Befangene.

4. *Das Abenteuer der Begegnung unter Laboratoriumsbedingungen* wird von den Teilnehmern an Trainingskursen durchweg als sehr eindrucksvoll bezeichnet. Dabei kommt es weniger darauf an, ob man sich gezwungen sieht, alte Vorurteile zu revidieren oder ob man bislang unbekannte, eigene Vorzüge durch fremde Personen aufgedeckt erhält. Entscheidend scheint vielmehr die Tatsache, daß in der Hinwendung zu anderen, recht verschieden gearteten Menschen sich neue Erfahrungen der Determiniertheit eigenen Verhaltens erschließen. Die besonderen Bedingungen, unter denen dies geschieht, sind: a) Dauergemeinschaft über ein bis zwei Wochen, b) psychologisch kontrollierte Auseinandersetzung, c) Vielfalt der Beziehungen innerhalb der Gruppe, d) „Hier und Jetzt"-Prinzip der Verhaltenserörterung. Da sich die Begegnung aber nicht auf T-Gruppen beschränkt, entsteht während eines Laboratoriums oftmals das Problem der unkontrollierbaren paarweisen Kontakte, der unausgesprochenen Aktualkonflikte und der informellen Gruppenbildung, die sich als persönlich erfahrungsfördernd wie auch als den Gruppenprozeß hemmend erweisen. Vermeiden lassen sich intime Begegnungen und Sondergruppierungen während eines Laboratoriums kaum, will man nicht mit unangebrachten Verboten oder organisatorischen Reglementierungen eingreifen, doch gilt es, diese „Abenteuer" als verstärkende Momente nach Möglichkeit in die allgemeine Dynamik der T-Gruppen einzubeziehen. Lediglich bei der Zusammenstellung der T-Gruppen wird man der Bildung von unerwünschten Untergruppen etwas wehren können.

5. *Homogene und heterogene Gruppen* eignen sich beide für ein Sensitivitäts-Training, wenngleich die Bedingungen recht unterschiedlich ausfallen. Das Musterbeispiel für eine relativ homogen zusammengesetzte T-Gruppe bildet eine Schiffsbesatzung. Im Laboratorium bereitet sie sich auf die Kooperationsaufgaben unter erschwerten Umständen vor. Bei Theologiestudenten oder Angehörigen einer bestimmten Berufsgruppe wird man bereits darauf achten, daß beide Geschlechter und möglichst auch verschiedene Altersstufen vertreten sind, um das spezifische, dynamische Gefälle zu erhöhen. Die Regel bilden jedoch weitgehend heterogene T-Gruppen, die einen breiten Verhaltensspielraum und das Manifestwerden von spezifischen Abhängigkeiten, Vorurteilen und Aggressivitäten ermöglichen. Die unterschiedlichen Rollenerwartungen entsprechen dann zumeist den Beeinträchtigungen des Wechselkontakts und der Kooperation, die letztlich abgebaut werden sollen.

Umstritten ist derzeit bei der Gruppenzusammenstellung die Bedeutung des *Intensivkonnex* zwischen zwei und mehr Mitgliedern einer T-Gruppe bzw. eines Laboratoriums. Von den meisten Trainern wird die Aufnahme eines einzelnen Ehepaares in eine T-Gruppe abgelehnt. Hingegen gibt es Gruppen, die nur aus Ehepaaren bestehen und ihre Sensitivität angeblich recht erfolgreich trainieren. Mit Vorgesetzten und Nachgeordneten, die beruflich täglich zusammenarbeiten, oder mit Personen, die eng befreundet sind, werden unterschiedliche Trainingserfahrungen berichtet. Die Gefahr einer cliquenartigen Untergruppenbildung und — damit verbunden — psychodynamischen Schwerpunktverschiebung führt dazu, daß auf den Intensivkonnex als Kriterium der T-Gruppenzusammensetzung vermehrt geachtet wird. Von einer Prinzipienfrage kann — bei der Fülle der gruppendynamischen Aspekte — in diesem Zusammenhang allerdings nicht die Rede sein.

6. Die Trainingsbelastung schränkt den Teilnehmerkreis ein. Wegen der physischen Anstrengung, die mit einem vierzehntägigen Laboratorium und seinen psychischen Alterationen verbunden zu sein pflegt, wird man Personen in höherem Alter (etwa über 70 Jahre) meist von der Teilnahme abraten. Eindeutig kontraindiziert ist ein Sensitivitäts-Training bei gegebener Psychose- oder Suicid-Gefährdung, da die affektive Belastung als nicht unerheblich bezeichnet werden muß und auslösend wirken kann. Prinzipiell eignet sich das Traning auch keineswegs für neurotische Patienten, die sowohl ihre Symptome zu verstärken als auch den Gruppenfortschritt zu behindern pflegen. Für sie ist Gruppenpsychotherapie mit ihren anders gearteten Führungs- und Hilfemöglichkeiten angezeigt. Die Zulassungsvoraussetzungen und ihre testmäßige Feststellung sind bisher noch nicht voll befriedigend geklärt. In der Regel wird man sich auf persönliche Angaben in einem kurzgefaßten Erhebungsbogen verlassen müssen. Als vorläufige Umreißung der Teilnahmebedingung wurde formuliert: „Normale psychische Belastbarkeit, wie sie mit relativer körperlicher Gesundheit gegeben zu sein pflegt". Selbst wenn damit chronische psychosomatische Symptome (Ulcus, cor nervosum, Migräne etc.) ausgeschlossen sind, bleiben noch spezifische Schwächen in der Erlebnisverarbeitung wie akut einsetzende Schlaflosigkeit oder Kreislaufstörung kaum prognostisch erfaßbar.. Bei normaler Belastbarkeit ruft das Training jedenfalls nachweislich keine Gesundheitsschädigungen, wohl aber regelhaft vorübergehende Beunruhigung durch krisenhafte Erlebnisabläufe hervor.

7. Die Lernbereitschaft bzw. das Ausweichen von einzelnen und Gruppen weist eine große Schwankungsbreite auf. Wer die verhältnismäßig hohen Kursgebühren selbst bezahlen muß, ist, wie psychotherapeutische Erfahrung lehrt, besser motiviert als jemand, dem keinerlei Kosten entstehen und für den Erholungsbedürfnis oder intellektuelle Neugier im Vordergrund stehen. Ein objektiver Maßstab der persönlichen Lernbereitschaft ist bisher nicht zuhanden, doch sorgt der gruppendynamische Prozeß selbst für zunehmende Aufgeschlossenheit und funktionales bzw. emotionales Lernen. Das Ausweichen in Überaktivität oder Resignation, in Projektionen oder Regressionen kann vielfach noch bewußt gemacht werden. Sehr umstritten aber ist das Problem, ob ein Trainer im Verlauf eines Trainingskurses einen Teilnehmer (selbstverständlich unter Rückerstattung der Restgebühren) nach Hause schicken soll. Dafür spricht ein notwendiger Schutz des Betreffenden vor möglichem psychischen oder physischen Schaden bzw. die begründete Sorge um die Entfaltung der entsprechenden T-Gruppe bzw. den Erfolg des Laboratoriums. Dagegen kann eingewandt werden, daß der vermeintlich „untragbar" gewordene Teilnehmer leicht der Gruppe als „Sündenbock" dient; seine Entfernung entlastet auch den Trainer und kann zum Modell „billiger Lösungen" führen. Die Entscheidung über einen solchen Ausnahmefall wird daher, bei aller relativen Autonomie eines Trainers, weder von ihm allein noch von seiner T-Gruppe, sondern unter sorgfältiger Abwägung aller Gesichtspunkte von der Gemeinschaft der Trainer in einem Laboratorium gefällt werden müssen.

Nicht selten wünscht ein Gruppenmitglied, während des Trainingskurses in eine andere T-Gruppe versetzt zu werden. Dieses Ausweichen würde aber den Gruppenprozeß ebenso stören, wie das Wegbleiben oder Neuhinzukommen einer Person allgemein den Strukturierungs- und Lernvorgang innerhalb einer Gruppe erheblich zu beeinflussen vermag. Umgekehrt können Erschwerungen und durchgestandene Konflikte den Ertrag des Trainings an persönlichen Erfahrungen steigern.

Ein Phänomen wäre in diesem Zusammenhang noch zu erwähnen, das sowohl methodisch-theoretisch als auch organisatorisch Probleme aufwirft, nämlich das Ausweichen von Subgruppen in „analytische Aktivitäten" außerhalb der T-Gruppe. Bar, Bierkeller oder eine benachbarte Vergnügungsstätte verlocken zum emotionalen „Auftanken" oder Abreagieren, zu Kontakten und Oppositionen, die sich durchaus als förderlich erweisen könnten, — wenn sie in die T-Gruppe eingebracht würden. Sofern dies nicht geschieht, mag es zwar für die Haltung der Trainer und für die Gruppenatmosphäre aufschlußreich sein, doch die Lernbereitschaft einer heterogen zusammengesetzten Gruppe läßt sich nicht erzwingen. Toleranz gegenüber Sonderaktivitäten kann ein Zeichen für innere Stärke, aber auch für Schwäche hinsichtlich eines gemeinsamen Engagements sein. Die Eigendynamik jeder Gruppe setzt hier dem Nahziel eines Trainings Grenzen. Ausnahmsweise obsiegen doch einmal Risikofurcht, Bequemlichkeit oder eben das Lustprinzip.

8. Normen-Setzen und Rollen-Erproben stellen Herausforderungen besonderer Art dar, die Trainierende wie auch Trainer betreffen. Es ist zweifellos strapaziös und zeitraubend, eine Gruppe alle Normen ihres Zusammenarbeitens ganz allein finden zu lassen, daher setzen einige Trainer frühzeitig Normen wie: Affekte dürfen ausgedrückt, Aggressionen sollen geäußert, Redende nicht unterbrochen werden ect. Die Norm des „Hier und Jetzt“ kann ebenso wie das systematische „feedback“ manche Umwege ersparen, behindert aber leicht das Schildern sehr persönlichen Erlebens, wobei vergangene, besonders eindrucksvolle Ereignisse angeboten werden. Bei sehr permissivem Verhalten des Trainers kann so unversehens aus der Trainingsgruppe eine Art Therapie-Gruppe werden, deren persönlicher Ertrag nicht minder hoch einzuschätzen ist. Das, was selbst erfahren wird, haftet nach lernpsychologischen Erkenntnissen besser und kann in verschiedenen Situationen adäquater gehandhabt werden. Andererseits weisen Kritiker mitunter darauf hin, daß auch Trainierte Kooperationsschwierigkeiten haben, sofern keine Übereinstimmung hinsichtlich der Entscheidungsmodi zuvor erzielt wurde. Das praktisch recht bedeutungsvolle Problem ist: wie kann man in begrenzter Zeit einer Gruppe dazu verhelfen, daß sie Normen nicht einfach übernimmt, sondern selbst entwickelt, und sich, ohne allzuviele Trainer-Interventionen, selbst danach richtet.

Ein Weg, die zweckmäßigen internen Regelungen zu finden, ist der, die Interaktionen in der Gruppe und ihre Auswirkungen genau zu beachten. Eine gewisse Rollenverteilung ergibt sich bald von selbst. Wird sie aber durch die entstehende Dynamik immer wieder in Frage gestellt, dann kann ein Konsens letztlich nur noch dadurch zustande kommen, daß verschiedene Rollen von den einzelnen selbst im Wechsel übernommen und damit in ihren Vorzügen und Nachteilen erprobt werden. Soll im Idealfall jedes Gruppenmitglied hinter einer Entscheidung stehen, dann muß es auch die emotionalen und rationalen Zusammenhänge erfahren haben. Das Rotieren der Rollen, insbesondere der Führungsrolle, ist somit ein Anzeichen für die Erlebens- und Leistungsfähigkeit einer sich immer differenzierter gegenseitig orientierenden Gruppe. Dementsprechend kann das Rollen-Erproben als ein Trainingsziel bezeichnet werden, aus dem sich erfahrungs-angereicherte Normen für eine Gruppe ergeben. Manche T-Gruppen entwickeln folglich eine Art kommunikationsfördernden „Bilder-Katalog“ oder einen spezifischen „Binnen-Jargon“, was die Gruppenkohärenz bis zur Absonderung von anderen Gruppen verstärken kann.

Die wissenschaftliche Nomenklatur, die in der Praxis so oft vorschnell Normen setzt, kann schließlich das Überpersönlich-Gültige vom Ephemer-Subjektiven abheben helfen und Trainingserfahrungen zu verallgemeinerbaren Erkenntnissen verdichten.

9. Verhaltensänderungen und Sensitivität werden ermöglicht durch Feedback-Technik. Es besteht eine Wechselbeziehung zwischen subtiler Auffassung des Verhaltens eines Gegenübers und der Fähigkeit, „sich etwas sagen zu lassen“. Zunächst müssen daher die emotionalen Hindernisse einer verfeinerten Sozialwahrnehmung abgebaut werden. Dann reduzieren sich auch jene durchaus sinnvollen Abwehrmechanismen, da sie in dem Maße überflüssig werden, als bei objektiver Widerspiegelung eigenen Verhaltens keine Ängste mehr im Spiel sind.

Das Feedback-Geben wird von Trainern, oft mit Rücksicht auf Besonderheiten einer T-Gruppe, unterschiedlich akzentuiert: entweder als paarweise, wechselseitige Eindrucks- und Gefühlsresonanz nach Gruppenaktionen oder als sofortiges Reagieren einiger bzw. aller Gruppenmitglieder auf ein bestimmtes, aktuelles Verhalten. Häufigkeit und treffsichere Unerbittlichkeit des spontanen feedback kennzeichnen mitunter bereits den sich anbahnenden Trainingserfolg. Er besteht einerseits in einer ungekünstelten, überzeugenden und gruppenwirksamen Verhaltensänderung, andererseits in der Fähigkeit, sich anderen gegenüber so auszudrücken, daß die erhaltenen Informationen eine Hilfe für bessere Gruppenbeziehung und Effektivität des Bemühens sind. Erst der Rollenwechsel ermöglicht ein vielseitig-differenziertes feedback mit entsprechender Verhaltensänderung.

10. Erfahrungen und Impulse wirken später weiter. Vorläufige Befragungen von Trainingsteilnehmern ergaben, daß ein sehr umstrittener Bestandteil mancher Trainingskurse besonders nachhaltige Eindrücke vermittelt: *nonverbale Ausdrucksübungen*. Sie kommen zweifellos dem Bedürfnis nach unmittelbar emotionalem Sich-Ausdrücken-Können (ohne Fixierung durch Worte) entgegen. Außerdem ergänzen sie die fast ausschließlich verbale Trainingsmethode. Ein abschließendes Urteil über den Wert solcher Zusatzverfahren dürfte ohne systematische Nachprüfung ihrer Wirkung und ihres Anteils am gesamten Trainingserleben verfrüht sein. Aber sicher muß die spielerische Komponente gerade angesichts der Belastungen durch das Training beachtet werden.

Im *berufsbezogenen Rollenspiel* können die Teilnehmer eines gruppendynamischen Laboratoriums die Ergebnisse ihrer Trainingserfahrungen auf die zu erwartende Situation danach (back home) projizieren. Die Karikierung einer bislang sehr einseitig gesehenen Berufsrolle auf der Basis gemeinsamer Gruppenerlebnisse dürfte manchmal recht heilsam wirken, zumal humorvolle Darstellung auch ein versöhnendes Moment nach mancher gezielten Auseinandersetzung birgt. Die Übergänge zum Psychodrama (MORENO) erscheinen hier fließend.

Manche Trainingskurse, die mit mehreren T-Gruppen arbeiten, veranstalten gegen Schluß des Kurses ein *kooperatives Planspiel* mit verteilten Aufgaben (intergroup exercises) oder im Wettbewerb zwischen Gruppen. In dieser Form können Erfahrungen und Verhaltensweisen, die in der eigenen T-Gruppe gewonnen wurden, im Zusammenspiel mit anderen Gruppen erprobt werden. Das gesuchte Ergebnis vermittelt einen gewissen Ernstcharakter und das Bewußtsein, etwas Produktives mit anderen zusammen geleistet zu haben. Die Herausforderung besteht hier darin, sich und anderen zu beweisen, daß das Sensitivitäts-Training nicht Selbstzweck oder Formaleinübung bedeutet, sondern belegbare Voraussetzung schafft, um in Gruppen mit objektivem Erfolg, persönlicher Befriedigung und konfliktbewältigenden Interaktionen zusammenzuarbeiten.

III. Herausforderung durch die Ziele des Sensitivitäts-Trainings

Die Erfahrungen, die seit über 20 Jahren mit gruppendynamischen Verfahren in aller Welt, vorab aber in den USA, gewonnen wurden, erlauben es, deren Zielsetzung als übereinstimmende Auffassung der Experten zusammenzufassen. Gewiß finden sich unterschiedliche Akzente sowie nähere oder fernere Ziele angegeben, aber gemeinsam dürfte doch der relativ hohe Anspruch hinsichtlich der Möglichkeiten des Trainings sein. Und dies wirkt auf die skeptischen Zeitgenossen besonders herausfordernd. Zunächst betrifft es zwei definitorische Ansätze:

a) „Sensitivity Training ist eine Methode zu lernen, eigene und fremde Verhaltensweisen subtil aufeinander abzustimmen" [4]. Diese Feststellung enthält bereits den unausgesprochenen Vorwurf, man habe es nötig, etwas zu lernen, was doch eigentlich selbstverständlich sei, nämlich zwischenmenschlichen Kontakt herzustellen und auf die Besonderheit eines Partners einzugehen. Bei näherem Zusehen zeigt sich indessen, daß gerade bei engem Kontakt in Beruf, Ehe und Familie die emotionalen Schwierigkeiten der Auseinandersetzung zunehmen. Je mehr die individuellen Belange voneinander abweichen bzw. die Tendenz zur Selbstrechtfertigung einsetzt, desto schwerer wird es, auf das Verhalten eines Gegenübers differenziert einzugehen. Die eigene Befangenheit in Triebansprüchen und Abwehrmechanismen hindert bereits daran, dem anderen jeweils aufmerksam zuzuhören und das genau aufzufassen, was er, selbst bei geschickter Ausdrucksweise, eigentlich meint. Erwachsene in exponierten und angesehenen Positionen lernen nicht gerne etwas anderes als erfolgversprechende Kenntnisse oder Fertigkeiten. Es bedarf also einer gewissen Aufforderung, sich mit eigenem und fremdem Verhalten zu beschäftigen, die in den Zielen des Sensitivitäts-Trainings zugängig gemacht werden muß.

b) Sensitivitäts-Training ist ein gruppendynamisches Verfahren, das Bewußtseinserweiterung und Verhaltensänderung intendiert. Neben der Einsicht in bestimmte Zusammenhänge psychologischer Art zwischen gewohnten und bislang unbeachteten Verhaltensweisen tritt die Einübung neuer, vielseitiger Rollen und Verhaltensmuster. Dieser proklamierte Übungsfaktor fordert immer wieder dazu auf, sich zur Änderung des bislang fraglosen Verhaltensstils bereitzufinden. Ohne Anregung durch entsprechende Ziele bzw. ohne erlebbare Effektivität des Trainings würde sich wohl niemand den Dauereinflüssen und der notwendigen Verunsicherung durch den Gruppenprozeß aussetzen. Herausforderung ist insoweit eine Grundkomponente des auf Verhaltensänderung gerichteten Trainings.

Die folgenden, gewiß hochgesteckten Ziele beziehen sich zunächst auf Veränderungen im individuellen Verhalten des Trainingsteilnehmers; darüber hinaus erstrecken sie sich auf allgemeines Gruppengeschehen und gesellschaftliche Gegebenheiten.

1. *Reifung durch Selbstkonfrontierung*

Im Gegensatz zur biologischen Reifung (z. B. der Sexualfunktion bis zur Produktion befruchtungsfähiger Ei= und Samenzellen), die anlage=bedingten Gesetzmäßigkeiten folgt, ist die emotionale und soziale Per=sönlichkeitsreifung weitgehend abhängig von Umwelteinflüssen. Jeder Mensch bildet von Kindheit an Verhaltensmuster aus, die durch viel=fältige Reaktionen auf Erziehungs= und Milieugegebenheiten das eigene Antriebs= und Steuerungssystem in bestimmten Richtungen festlegen. Die T=Gruppe fordert nun diese habituellen Verhaltensweisen heraus und macht sie mittels Fokussieren und Feedback=Technik erkennbar. Durch die Aufhellung unbewußter Abwehrmechanismen, „blinder Flecke" und „Dressate" (KÜNKEL) ermöglicht die Gruppe eine Korrektur starrer Verhaltensweisen. Sie fördert damit den Prozeß der Persönlich=keitsreifung in Richtung auf eine Gewinnung größerer seelischer Elasti=zität. Das Verhalten entspricht dann besser jener Fülle der inneren und äußeren Wirklichkeit, wenn es — ohne Identitätseinbuße —„so und auch anders" erfolgen kann bzw. ein „sowohl — als auch" kennt.

Gerade die Herausforderung der ständigen Selbstkonfrontierung in einer T=Gruppe, die das „eigenartige" Verhalten in wechselnden Situa=tionen widerspiegelt, schafft nachhaltige Anstöße für den oftmals sta=gnierenden Prozeß der emotional=sozialen Reifung. Der Persönlichkeits=horizont wird damit in der Richtung erweitert, in der die meisten er=fahrungs= und umweltbedingten Fixierungen erfolgen. Die Auflockerung der „Psychosklerose" (KÜNKEL) als Vorform der Neurose bei sonst rela=tiv gesunden und verhaltensnormalen Personen dürfte eine wirksame Neurosenprophylaxe darstellen. Würde sich allein diese Auswirkung des Sensitivitäts=Trainings wissenschaftlich nachweisen lassen, dann wäre schon ein beachtlicher gesellschaftsrelevanter Erfolg erzielt. Vorerst mag es genügen, individuelle Reifungsimpulse zu vermitteln.

2. *Verbesserung der Sozialwahrnehmung*

Der selbstbefangene Mensch sieht den Mitmenschen nur in subjektiv eingeengter Weise und vermag daher den beiderseitigen Belangen nicht zureichend gerecht zu werden. Das ist eine der fundamentalen Tatsachen, die in jeder T=Gruppe mehr oder minder deutlich zu werden pflegt. Die Konsequenz aus der unmittelbar erfahrenen Begrenztheit des eigenen Kommunikationsspielraums ist die Ausbildung einer verfeinerten Be=obachtung des Verhaltens anders gearteter oder gesonnener Menschen. Es bedarf hierzu keiner pädagogischen Aufforderung, vielmehr liegt in der Trainingssituation selbst schon die Herausforderung, auf den an=deren zu achten, ihm genau zuzuhören und subjektive Fehlinterpreta=tionen zu korrigieren.

Das Sensitivitäts=Training gibt reichlich Gelegenheit, freischwebende Aufmerksamkeit einzuüben. Zugleich wird aber die Begrenztheit und Unzulänglichkeit der eigenen Fremdwahrnehmung, vor allem unter emotionalen Einflüssen, erkennbar und damit das Bedürfnis ausgelöst (challenge), nicht nur Äußerungen aufzunehmen, sondern die dahinter liegenden Intentionen zu erspüren. Erst das „Hören mit dem dritten Ohr" (TH. REIK) erlaubt ein differenziertes Verstehen dessen, „was eigentlich gemeint ist". Dies dürfte auch die beste Umschreibung des Begriffes Sensitivität darstellen.

Die eigenartig verwobenen perzeptiven und kognitiven Prozesse, die das Training charakterisieren, schaffen individuelle Voraussetzungen, um Mitmenschen besser verstehen, d. h. auch in Fassadenhaft-Vordergründigem das Wesenhaft-Hintergründige auffassen zu können. Natürlich besteht dabei die Gefahr einer Überempfindlichkeit („das Gras wachsen hören"), die wiederum von der Realität ablenkt, aber der Abbau von Vorurteilen und die Einschränkung des Halo-Effektes erscheinen zunächst doch wichtiger. Auch hier wirkt nicht der moralische Appell, etwa die „gefärbte Brille" durch eine „verzerrungsfrei vergrößernde" zu ersetzen, sondern die Herausforderung der unmittelbaren Gruppenerfahrung, die beinahe unausweichlich einen entsprechenden Lernprozeß auslöst.

3. *Fundierung der Kooperation*

Die kaum zu überschätzende Bedeutung der Zusammenarbeit für Beruf und Familie, für Politik und Wissenschaft bedarf keiner Unterstreichung. Hingegen erscheint die Klärung der psychologischen Voraussetzungen guter Kooperation umgekehrt proportional zur Häufigkeit der Kooperations-Postulate. Das Sensitivitäts-Training will keine Rezepte ausgeben für effektive Partnerschaft in allen Lebensbereichen, sondern die Grundlagen zu schaffen helfen, aus denen heraus „wie von selbst" erfolgreiche Zusammenarbeit resultieren kann. Angefangen bei der durch die T-Gruppe vermittelten Widerspiegelung eigenen Verhaltens und dessen Wirkung auf andere, über die differenzierte Beobachtung fremder Verhaltensweisen bis hin zu den verschiedenen wechselseitigen Einflußmöglichkeiten läßt das Training ein breit angelegtes Orientierungsschema für vielgestaltige Interaktionen entstehen.

Herausgefordert wird durch das Miterleben des Gruppenprozesses die Erkundung, welche Möglichkeiten des Einwirkens auf andere bestehen. Zugleich wird auch die Wirkungslosigkeit mancher Bemühungen um gutes Einvernehmen evident, wodurch sich die beunruhigende Frage nach den Ursachen der Kommunikationsschwierigkeiten stellt. Die praktischen Ergebnisse der Selbsterfahrung in einer T-Gruppe lassen sich diesbezüglich etwa folgendermaßen umreißen: Der eigene Ausdruck bzw. die Willensäußerung muß jene Form finden, die vom Partner akzeptiert werden kann. Das setzt etwa voraus, die Grenzen der Aufnahmebereitschaft zu erspüren, das spontane Einstimmen zu ermöglichen oder bestimmte Aktionen in entsprechender Weise herauszulocken. Für die Fundierung der Kooperation ist in erster Linie erforderlich eine Erweiterung der Frustrationstoleranz, die Fähigkeit des Aufeinander-Eingehens und ein jeweils adäquater Modus der Konfliktverarbeitung. Das Training läßt zwischenmenschliche Spannungen zu, um damit die Chance zu bieten (challenge), eigene Bedingungen für reibungsfreiere Zusammenarbeit zu erfahren.

4. *Neubegründung von Autorität*

Unter allen Zielsetzungen des Sensitivitäts-Trainings erscheint diese als die aktuellste und anspruchsvollste. Sie knüpft an bei der regelhaften Konstellierung stereotyper Einstellungen und habitueller Rollen, die deshalb nur selten aufgegeben werden, weil sie durch Erfolgserfahrung oder Angst vor Beeinträchtigung „abgesichert" sind. Das trifft in besonderem Maße für die Rolle des Autokraten zu, der seine völlige Vernichtung befürchtet, sobald er seine verfestigte Position preisgibt oder auch nur in die Nähe der „Weltuntergangsschranke" (KÜNKEL) gerät. Die T-Gruppe legt nun nahe (challenge), verschiedene Rollen zu erproben, da hiermit keine ernsthafte Gefahr folgenreicher Blamage verbunden ist. Was im Beruf als unmöglich erscheint, nämlich die angeblich allein erfolgversprechende, fest einstudierte Führungs- oder Unterwerfungs-Rolle auszuwechseln oder gar anderen zu überlassen, das wird im Training systematisch angestrebt. Die Laboratoriumsform erlaubt es, mit Rollen zu experimentieren. So können Verhaltensweisen wie Sich-Durchsetzen und Nachgeben, Helfen und Sich-Helfen-Lassen, Recht-Behalten und Fehler-Zugeben mit ihren Vorzügen und Schattenseiten erfahren werden. Die Gruppe entwickelt ferner, durch entsprechende Situationen herausgefordert, Wege zu Problemlösungen und Entscheidungsmodi. Sie erprobt sie schließlich unter wechselnden Voraussetzungen — ohne jede Gängelung durch die „Autorität" eines Trainers.

Zu den konstituierenden Faktoren, die es rechtfertigen, von Neubegründung der Autorität zu sprechen, zählt zunächst die Ausgangssituation der unstrukturierten T-Gruppe. (Therapeutische Gruppen pflegen von der Autorität des überlegenen Therapeuten von Anfang an abhängig zu sein und diese Bindung auch über die Behandlung hinaus beizubehalten.) Die in der T-Gruppe sodann entstehende Dynamik entspricht einer „multilateralen Übertragung" (ENKE), die in registrierten Interaktionen bzw. Soziogrammen faßbar wird und keine einseitige Autoritätsfixierung gestattet. Der Trainer fordert sogar indirekt dazu heraus, seine gewohnheitsmäßig hypostasierte Autorität in Frage zu stellen. Schließlich kommt es, nach dem Abtasten fremder Mächtigkeit und dem Einschätzen eigener Wirkungsmöglichkeiten, zu einem *Rotieren der Führungsfunktion*, bei dem die Spontaneität (auctoritas) des einzelnen und die Sensitivität der ganzen Gruppe ein leistungs- und persongerechtes Zusammenspiel sich entwickeln lassen.

Neue Autorität bedeutet: statt eines geborenen oder nach hartem Herrschaftsringen endgültig „inthronisierten" Führers, der „Autorität kraft Rang und Amtes" fraglos ausübt, gilt jene initiierende und leitende Funktion, die eine Gruppe dem jeweils in der Situation Geeignetesten erschließt und durch ihren Konsens diese Autorität trägt. Führungsfunktion ist dann kein traditionserhärteter Anspruch, sondern eine mitmenschliche Verpflichtung, die auf Einsicht bzw. Vertrauen gründet und von der Gruppe zugeteilt bzw. zurückgefordert wird. Voraussetzung hierfür muß allerdings eine hinreichende Sensitivität und Kooperationsbereitschaft sein, da sonst die Fähigkeiten und Schwächen eines potentiellen Trägers von Führungsfunktion nicht erkannt oder hinlänglich berücksichtigt werden. Verzicht auf individuellen Führungsanspruch, der wie immer auch begründet sein mag, setzt tiefreichende psychologische Einsichten und Erfahrung bei jenen Gruppen voraus, die ihr Verhalten eigenständig und relativ unabhängig von äußerer Macht dadurch selbst gestalten wollen, daß sie Autorität als gruppenimmanent betrachten und stets sach- und persongerecht zuteilen. Diese Autoritätsauffassung steht damit allerdings auch im Gegensatz zu jedem partikularistischen oder kollektiv-egoistischen Ansatz, der individuelle Belange und Freiheitsbedürfnisse mißachtet.

Die gesellschaftlich entscheidende Herausforderung des Sensitivitäts-Trainings kann in dem systematischen Versuch gesehen werden, den imperativen Führungsstil durch einen kooperativen zu ersetzen bzw. den historisch etablierten Autokraten-Typ durch den neuen Typ eines gruppenorientierten Synkraten abzulösen. An diesem epochalen Wandel der Autoritätsstruktur wird niemand vorbeikommen. Damit ist aber zugleich auch die Humanwissenschaft aufgerufen (challenge), alle Anstrengungen zu unternehmen, um die wohlbegründeten Ziele dieser Trainingsmethode erreichen zu helfen.

Literatur

[1] Bradford, L. P.; Gibb, I. R.; Benne, K. D.: T-Group Theory and Laboratory Method, New York 1966⁴. – [2] Brocher, T.: Gruppendynamik und Erwachsenenbildung, Braunschweig 1967. – [3] Coché. E. H.: Psychologische Abwehrmechanismen und gruppendynamische Prozesse, Diss. Bonn 1968. – [4] Däumling, A. M.: Sensitivity Training. In: Gruppenpsychotherapie und Gruppendynamik. Bd. 2, Göttingen 1968. – [5] Miles, M. B.: Learning to Work in Groups. New York 1965. – [6] Mitscherlich, A.: Die Idee des Friedens und die menschliche Aggressivität. Berlin 1969. – [7] Schein, E. H.; Bennis, W. G.: Personal and Organizational Change through Group Methods. New York 1965. – [8] Thelen, H. A.: Dynamics of Group at Work. Chicago 1963. –

Annelise Heigl=Evers

Gruppendynamik — lehrbar und lernbar?*

Gruppendynamik ist eine primär im Bereich der Sozialpsychologie entwickelte, gruppenzentrierte Beobachtungs= und Denkmethode, die später auch tiefenpsychologische Aspekte einbezog. Die für diese Methode spezifische Wahrnehmungseinstellung ist ausgerichtet auf

a) die in der Pluralität von (Klein=)Gruppen gelegenen Determinanten für das Verhalten des Individuums in der Gruppe;

b) die im Individuum gelegenen Determinanten für den Gruppenprozeß (der Gruppenprozeß resultiert aus den Verhaltensweisen aller Gruppenmitglieder und deren Wechselwirkungen);

c) die Interdependenzen zwischen Einzelverhalten und Gruppenprozeß.

Die Einflußnahme des einzelnen auf den Gruppenprozeß erfolgt über eine soziodynamische Funktionsverteilung, die integrierender Bestandteil der Gruppenbildung ist. Funktion, Position und Rolle beziehen sich auf dasselbe gruppenpsychologische Phänomen. Position bezeichnet die einem Gruppenteilnehmer (formell oder informell) zugewiesene Stellung und damit die Art der ihm eingeräumten Einflußnahme innerhalb einer Gruppe; sie bestimmt außerdem die von dem Betreffenden in der Gruppe funktionsanteilig auszuübende Aktivität. Funktion bezeichnet diese einer Position eigentümliche Aktivität. Rolle bezeichnet die charakteristische Art und Weise, in der der Inhaber einer definierten Gruppenposition die ihm zugewiesene Aktivität ausübt, wobei die Art der Ausübung den Erwartungen der anderen entsprechen muß.

Die den Gruppenprozeß (Gruppenbildung, =erhaltung und =auflösung) kennzeichnende Funktionsverteilung ist abhängig

a) von der der Individualstruktur inhärenten Disposition für eine bestimmte Funktion oder Position, d. h. von der endogenen Motivation des einzelnen;

b) von der Zusammensetzung (z. B. homogen oder heterogen) und der Struktur (z. B. offen oder geschlossen) der Gruppe und den daraus resultierenden Interaktionen, d. h. von der exogenen situationsbedingten Motivation des einzelnen;

c) von der Aufgabe und Zielsetzung der Gruppe;

---

* Beitrag zu einer Arbeitsgruppe des Symposiums „Interaktion, Krankheit und Heilung als zwischenmenschliches Geschehen", in Konstanz veranstaltet von der Firma Hoffmann=La Roche und der Psychiatrischen Klinik der Medizinischen Hochschule Hannover vom 4.–6. Mai 1972. Fundort s. S. 144.

d) von den Beziehungen der betreffenden Gruppe zu ihrer Umwelt, vom jeweiligen sozialen Kontext. (A. HEIGL-EVERS u. F. HEIGL, 1971).

Die gruppendynamische Beobachtungs- und Denkmethode findet u. a. Anwendung in folgenden Bereichen:

a) in jeder Art von gruppenzentriert orientierter Gruppenpsychotherapie;

b) in allen gruppenzentrierten didaktischen Verfahren;

c) in Organisationen und Institutionen zur Verbesserung von Team-Arbeit und Kooperation. —

Fünf Arten der Vermittlung spielen beim Training der gruppendynamischen Beobachtungs- und Denkmethode vornehmlich eine Rolle:

1. Vermittlung durch Eigenerfahrung von Gruppenprozessen in Selbsterfahrungsgruppen, d. h. in minimal strukturierten Kleingruppen, die sowohl als psychoanalytisch-tiefenpsychologisch beobachtete und geleitete Gruppen bei der Ausbildung in der Gruppenpsychotherapie wie auch mit sozialpsychologisch-gruppendynamischen Lehr- und Lernzielen als sogenannte T-Gruppen in gruppendynamischen Laboratorien (GDL) durchgeführt werden;

2. Vermittlung in (themenzentrierten) Supervisionsgruppen, die durch einen von den Teilnehmern zuvor gemeinsam beobachteten therapeutischen Gruppenprozeß thematisiert werden oder durch einen von einem der Teilnehmer gegebenen Bericht einer Einzeltherapie;

3. Vermittlung über die Beobachterfunktion in einer therapeutischen oder interaktionellen Trainingsgruppe;

4. Vermittlung über die Co-Therapeuten- bzw. Co-Trainer-Funktion in einer therapeutischen oder Trainingsgruppe;

5. Vermittlung über die Therapeuten- oder Trainerfunktion in einer therapeutischen oder Trainingsgruppe. —

Die mit den genannten Vermittlungsmodi verbundenen speziellen Lernansätze sind die folgenden:

1. In Selbsterfahrungsgruppen, die nach dem Prinzip der Minimalstrukturierung geleitet werden, kommt es zur Konfrontation mit dem Unerwarteten im eigenen Verhalten und im Verhalten der anderen und mit den dadurch stimulierten latenten Phantasien. Das Prinzip der Minimalstrukturierung bedeutet Verzicht auf die Einführung von Direktiven und Normen in bezug auf den interpersonellen Umgang in der Gruppe. Da Standards und Normen (Normen als „erwartetes Verhalten") eine Präventivfunktion in bezug auf mögliche interpersonelle Konflikte haben, werden durch das Ausbleiben solcher Verhaltensregelung in der Selbsterfahrungsgruppe interpersonelle Konflikte mobilisiert, die unter psychoanalytisch-tiefenpsychologischem Aspekt als psychosoziale Niederschläge von intrapsychischen Konflikten der Beteiligten zu betrachten sind; unter sozialpsychologisch-gruppendynami-

schem Aspekt sind sie als exogene Konflikte im momentan gegebenen psychosozialen Feld anzusehen.

Durch die Mobilisierung solcher Konflikte und der dazugehörigen unbewußten (regressiven) Phantasien werden Angst oder ähnliche Affekte hervorgerufen, und zur Vermeidung solcher Angst treten intrapsychische und psychosoziale Abwehr- und Schutzmechanismen verstärkt in Funktion. Diese Abwehr- und Schutzmechanismen finden ihren Niederschlag in entsprechenden Gruppennormen und führen zur Konstellation von dadurch bestimmten Gruppenkulturen (D. STOCK WHITAKER u. LIEBERMAN, 1964). Auf diese Weise kommen in der Gruppe Prozesse der Verarbeitung unbewußter, Angst auslösender Konflikte zur Darstellung.

Im Fall einer analytisch-tiefenpsychologisch beobachteten und geleiteten Selbsterfahrungsgruppe wird dann vornehmlich auf die Aufdekkung der unbewußten Konflikte und der dabei mitwirkenden unbewußten Abwehrmechanismen zentriert. Im Fall einer sozialpsychologisch-gruppendynamisch beobachteten und geleiteten Trainingsgruppe in einem gruppendynamischen Laboratorium (GDL) orientiert sich der Leiter am manifesten Verhalten der Gesamtgruppe und richtet seine Inverventionen auf Gruppenphänomene wie Meinungs- und Entscheidungsbildung (Bezug zur Autorität, Majorisierung, Vorurteilsbildung, Gratifikationen und Sanktionen), auf die Probleme der Gruppenbildung und -erhaltung sowie der Kooperation, auf habituelles Rollenverhalten u. ä. (A. HEIGL-EVERS u. F. HEIGL, 1972).

2. Die (themenzentrierten) Supervisionsgruppen können thematisch zentriert sein auf eine von den Teilnehmern zuvor gemeinsam in einer life-Situation erlebten oder über Medien (Tonband oder Videotape) vermittelten therapeutischen Gruppensitzung. Eine spezielle didaktische Methode (A. HEIGL-EVERS u. HERING, 1970) beruht auf der Hypothese, daß eine Gruppe, die sich mit der Problematik einer anderen Gruppe beschäftigt, über projektive und introjektive Identifikationsprozesse diese Problematik einschließlich der latenten Determinanten im eigenen Erleben und Verhalten „spiegelt" (Spiegelungsgruppe). Dadurch wird eine Verbindung von kognitivem und psychosozialem Lernen, von Erkennen und Selbsterfahrung ermöglicht.

Supervisionsgruppen können ferner thematisch zentriert sein auf den Behandlungsbericht eines der teilnehmenden Ärzte, d. h. auf die von ihm dargestellten Interaktionen zwischen ihm und einem von ihm behandelten Patienten. Die Methode der sogenannten BALINT-Seminare (BALINT, 1957) ist dabei speziell auf die Erfassung der Wechselbeziehung von Übertragung des Patienten und Gegenübertragung des Arztes ausgerichtet; dabei wird unter Gegenübertragung die Art und Weise verstanden, wie der berichtende Arzt seine Persönlichkeit, seine wissenschaftlichen Überzeugungen und seine Verhaltensautomatismen in der Behandlung des betreffenden Patienten einsetzt. Die Methode zielt ferner darauf ab, die Gegenübertragung der Gruppe auf den gerade berichtenden Arzt und dessen Persönlichkeitsproblematik aufzuzeigen. Die Zentrierung auf die Gegenübertragung des berichtenden Arztes findet unter drei Aspekten statt:

1. dem Aspekt der Beziehung Arzt/Patient,
2. dem Aspekt der Beziehung Arzt/Seminargruppenleiter,
3. dem Aspekt der Beziehung berichtender Arzt/übrige Gruppe. —

Das Trainingsziel besteht darin, den Arzt zu sensibilisieren für das, was im Beisammensein von Arzt und Patient bewußt oder unbewußt in der Psyche des Patienten vor sich geht.

Eine weitere zur Supervision geeignete Methode ist die primär als Lehr- und Lernmethode konzipierte themenzentrierte interaktionelle Methode (R. Cohn, 1970), wobei das Thema eben die Supervision von Gruppenbehandlungen wie auch von Einzelbehandlungen sein kann. Es handelt sich um eine stark strukturierende Methode, deren Regeln vor allem auf Expressivität, auf die Äußerung authentischer Gefühle in den Interaktionen zwischen den Gruppenteilnehmern abgestellt sind.

3. Die Vermittlung der gruppendynamischen Beobachtungs- und Denkmethode über die Ausübung der Beobachter-Funktion in Gruppen begünstigt die stillschweigende Partizipation am Gruppenprozeß und die dazugehörigen Identifikationen mit einzelnen Gruppenmitgliedern. Dadurch, daß der Beobachter vom Mithandeln entbunden ist, wird ihm in besonderer Weise eine intermittierende Reflexion auf die Art seines Partizipierens ermöglicht und damit eine Einübung in gruppendiagnostische Vollzüge.

4. und 5. Die Vermittlung der gruppendynamischen Denk- und Beobachtungsmethode über die Ausübung der Co-Therapeuten- bzw. Co-Trainer- und der Therapeuten- bzw. Trainerfunktion ermöglicht einen ständigen Lernprozeß durch immer wieder erneute Reflexion auf den Gruppenprozeß und auf die Rollen der anderen und die eigene Rolle in diesem Prozeß.

Abschließend folgt eine Übersicht der gruppendynamischen Lehr- und Lernziele mit Zuordnung der entsprechenden Methoden:

Training der Wahrnehmung des Gruppenprozesses und seiner manifesten Determinanten (Einstellungen, Attitüden, Meinungen, Motivation, Normen, Vorurteile, Aufgaben).
Methode: Interaktionelle Methode z. B. die Trainings- oder T-Gruppe im gruppendynamischen Laboratorium (GDL).

Training der Wahrnehmung des Gruppenprozesses und seiner latenten (unbewußten) Determinanten (unbewußte Phantasien, unbewußte Objektbeziehungen).
Methode: Analytische Selbsterfahrungsgruppe (SEG), Spiegelungsgruppe.

Training der Wahrnehmung der Interdependenz von Einzelverhalten und Gruppenprozeß.
Methode: Interaktionelle oder T-Gruppe und analytische Selbsterfahrungsgruppe.

Training der Wahrnehmung von habituellen Rollen und Identifikationsbereitschaften bei sich selbst und bei anderen.
Methode: Spiegelungsgruppe.

Training der Erfassung der Abhängigkeiten von Lernmotivation und Gruppenposition bzw. -funktion und -rolle.
Methode: Interaktionelle oder Trainingsgruppe und analytische Selbsterfahrungsgruppe.

Training der Bereitschaft und Fähigkeit, die Realität der Gefühle der Gruppenmitglieder anzuerkennen und deren Äußerung zuzulassen, die der eigenen und die der anderen, und dadurch die Lernmotivation und Kooperation zu intensivieren.
Methode: Themenzentrierte interaktionelle Methode (R. COHN).

Training der Sensibilität des Arztes für die Übertragung seiner Patienten und für seine eigene Gegenübertragung.
Methode: Balint-Seminare.

Literatur

BALINT, M.: Der Arzt, sein Patient und die Krankheit. Stuttgart 1957. – COHN, R. C.: Das Thema als Mittelpunkt interaktioneller Gruppen. Gruppenpsychotherapie und Gruppendynamik 3: 251–259 (1970). – HEIGL, F.: Verhaltens- und Prozeß-Sequenzen einer Minoritätsgruppe in einem gruppendynamischen Praktikum. Gruppenpsychotherapie und Gruppendynamik 5: 17–38 (1971). – HEIGL-EVERS, A.: Konzepte der analytischen Gruppenpsychotherapie. Beihefte zur Gruppenpsychotherapie und Gruppendynamik, Heft 1, Göttingen 1972. – HEIGL-EVERS, A. u. HEIGL, F.: Gruppenposition und Lernmotivation. Gruppenpsychotherapie u. Gruppendynamik 4: 236–247 (1971). – DIES.: Rolle und Interventionsstil des Gruppenpsychotherapeuten. Gruppenpsychotherapie und Gruppendynamik 5: 152–171 (1972). – HEIGL-EVERS, A. u. HERING, A.: Die Spiegelung einer Patientengruppe durch eine Therapeuten-Kontrollgruppe. Gruppenpsychotherapie u. Gruppendynamik 4: 179–190 (1970). – STOCK WHITAKER, D. u. LIEBERMAN, M. A.: Psychotherapy through the group process. Tavistock Publications, London 1965.

Raoul Schindler

Das Verhältnis von Soziometrie und Rangordnungsdynamik*

Die Rangordnungsdynamik, die besonders vom Österreichischen Arbeitskreis für Gruppentherapie und Gruppendynamik immer wieder zur Beschreibung von Gruppenvorgängen herangezogen wird und zu einer der wichtigsten Stützen für den Gruppentherapeuten werden kann, hat in den letzten Jahren zunehmendes Interesse gefunden. Sie wird von zahlreichen Kollegen vor allem in Mitteleuropa zur Orientierung in der Gruppe praktisch benützt, und es sind wichtige Arbeiten erschienen, die sich mit ihr in Beziehung zur psychoanalytischen Deutungsarbeit beschäftigen (A. Heigl-Evers, Enke, Leuner, Merl, R. Schindler u. a.). Ploeger legt sie seinen Studien über Katastrophenverhalten zugrunde, zahlreiche Autoren formulieren technische Hinweise mit ihrer Hilfe.

Abb. 1. Personalisationsphasen (aus „Personalisation", Herder 1964, ed. Edelweiss - Tanco Duque - Schindler)

Schemata

Phase	Hauptmerkmal	Angst	Furcht
Menge	kontaktloses Nebenher	gebunden	vor den Andern, als Projektion
prägruppal	allgemeiner Alpha-Anspruch	viel freie Angst	vor Alpha
gruppal	dynamische Rangstruktur	gebunden	vor Gamma
Institution	fixierte Rangstruktur	gebunden	vor Omega

In der von uns vorangetriebenen Formulierung läßt sich die Lehre von der Rangordnungsdynamik auf zwei wesentliche Aussagen konzentrieren:

1. Die Aussage über die stufenweise Personalisation von Gruppierungen, die von der rein geographischen, unstrukturierten Beziehung

* Vortrag gehalten am I. Internat. Kongreß für Soziometrie und Sozialpsychologie, Prag-Baden, 26.–28. 9. 1968. Aus dem Österreichischen Arbeitskreis für Gruppentherapie und Gruppendynamik. Fundort s. S. 144.

(Menge) ein Fortschreiten zur nach außen abgegrenzten Wir-Beziehung *(prägruppale Phase)* bei nach innen unstrukturiertem, allgemeinem Alpha-Anspruch erkennen läßt, von wo erst ein weiterer Reifungsschritt zur durchstrukturierten *Gruppe* mit voll entwickelter Rangordnung führt. In weiterer Reifung kommt es zum Erstarren der in der Gruppe noch dynamisch verbundenen Rangpositionen im Prozeß der *Institutionalisation.* Das uns heute so interessierende ganzheitliche und integrative Phänomen „Gruppe" entspricht demnach nur der 3. Reifungsphase im kollektiven Personalisationsgeschehen und kann sowohl rückläufig (regressiv) wie vorläufig jeweils immer wieder verlorengehen.

Abb. 2. Soziodynamische Grundformel
(aus Psyche XI, 308–314, 1957)

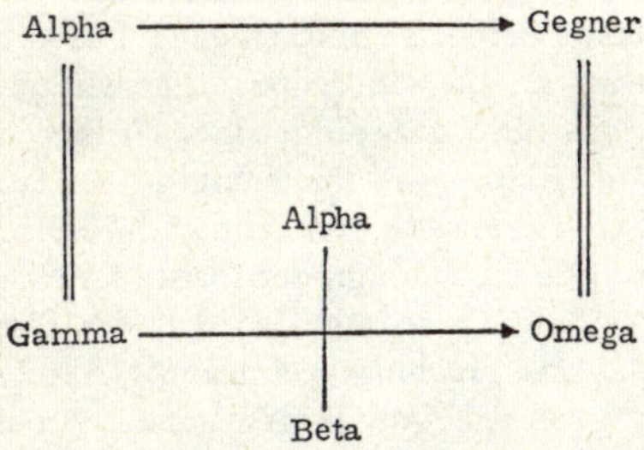

2. Die zweite wesentlich erscheinende Aussage betrifft die dynamische Beziehung der Rangpositionen im Personalisationszustand „Gruppe": Gegenüber einem *Gegner* (G) liebt sich die Gruppe narzißtisch in dem in *Alpha*-Position befindlichen Individuum. Mit diesem identifizieren sich die in *Gamma*-Position befindlichen Gruppenmitglieder, die sich ihrerseits zum Rang-Letzten der Gruppe, *Omega,* so verhalten, wie die Gruppe in ihren Fantasien träumt, daß Alpha sich zum Gegner der Gruppe verhalten werde. Dies hat zur Folge, daß Omega sich mit G identifiziert, was gleichzeitig eine provokativ wirkende Ursache für den geschilderten dynamischen Ablauf ist. In diesem emotionellen Kreis bleibt die *Beta*-Position abseits. Die sich da ansiedelnden Individuen verdanken ihre gute Rangposition ihrem direkten Verhältnis zu Alpha, dem sie sich meist durch Leistung wertvoll machen.

Die Bestimmung der Rang-Positionen erfolgt durch Gruppenbeobachtung. Es liegt nahe, diese, der Subjektivität immer verdächtig bleibende Methode, durch messende Verfahren zu ersetzen oder zu ergänzen. In diesem Sinne liegen mehrfache Versuche, wie die von E. Enke-Ferchland oder auch P. Petersen, vor. Aber auch ohne exakte Testung werden vielfach in wissenschaftlichen Arbeiten rangpositionelle Angaben mit soziometrischen Befunden durchmischt. Insbesondere wird der nach der soziometrischen Befragung Beliebteste mit der Alpha-Position gleichgesetzt, der Unbeliebteste in Omega-Position gesehen. Oft mag das auch stimmen. Aber muß das auch so sein?

Die Antwort ist leider eindeutig negativ. Die soziometrische Methode erscheint bereits grundsätzlich ungeeignet dazu, rangpositionelle Aussagen zu erstellen, da sie in Form der Befragung ja einen direkten Eingriff in die Dynamik der Gruppe darstellt. Die Frage „Mit wem möchten Sie am liebsten zusammen essen?" oder „wohnen" oder „arbeiten", stimuliert jeweils eine bestimmte Intention der Gruppe, die in den Beispielen einmal in oraler, dann in frühoraler, zuletzt in analer Ebene einstimmen. Die rangdynamische Konstellation der Gruppe kann in jeder dieser Ebenen anders sein und wird jedenfalls unabhängig vom vorangegangenen Gruppenerleben bestimmt, das bestenfalls nachklingend in das Ergebnis der Befragung eingeht. Die soziometrische Frage wendet sich überdies an ein vom Untersucher willkürlich zusammengefaßtes Kollektiv, das nicht unbedingt einer *Gruppe* im obengenannten Sinn entsprechen muß. Sie wird unabhängig vom Personalisationsgrad des kollektiven Gebildes gestellt und kann auch ihrerseits verändernd auf denselben wirken. Erst im Stadium der Institutionalisation ist mit einer hinlänglichen Fixierung zu rechnen, so daß der Eingriff der Testung nicht deformierend das Ergebnis beeinträchtigt. Aber dann macht der hohe Bewußtseinsgrad der Verhältnisse eine testmäßige Bestimmung bereits ziemlich unnnötig.

Wenn also grundsätzlich vor einer voreiligen Gleichsetzung soziometrischer Ergebnisse mit rangdynamischen Bestimmungen gewarnt werden muß, so ist doch durch die Kombination beider Methoden eine ergänzende Bestimmung zu gewinnen. Freilich wird man bei therapeutischen Gruppen sich immer vorher fragen müssen, welche Störung des sich entwickelnden Gruppenprozesses durch den künstlichen Eingriff der soziometrischen Befragung entsteht.

Insbesondere bei lebhafter Rivalität um die Alpha-Position und dadurch bedingter Fixierung in prägruppalen Spannungsverhältnissen kann die Testung problematisch sein, da sie die Angst stark erhöht und da ihr Ausgang oft vorwiegend von den Widerstandsverhältnissen abhängt. Die Anerkennung der Alpha-Position legt nämlich die Entwicklungsrichtung der Gruppe in der von diesem Individuum repräsentierten Tendenz fest. Die angstbesetzte Abwehr dieser Richtung zwingt, dieses Individuum nicht „hochkommen" zu lassen, oft in stark ambivalenter Auseinandersetzung mit der von ihm ausgehenden attraktiven Wirkung, die sich aus seiner relativen Angstfreiheit herleitet.

So erinnere ich aus zahlreichen Elterngruppen im Rahmen der bifokalen Gruppentherapie mit Schizophrenen in der Anfangsphase ein deutliches Abrücken von demjenigen Individuum, das als erstes begreift, daß man hier nicht in wertender Betrachtung von Patienten oder Ärzten beisammensitzt, sondern daß die eigene Problematik der sich ja gar nicht krank fühlenden Eltern zur Debatte steht. Für den therapeutischen Ablauf ist es vorteilhaft, dieses Individuum in eine Alpha-Position zu bringen, was in der Regel auch nach Durcharbeiten der wichtigsten Widerstände gelingt, respektive von selbst geschieht. Ein vorzeitiges Belichten dieser Möglichkeit durch die Fragestellung des soziometrischen Tests würde jedoch die Widerstände u. U. vehement verstärken. Auch im Feld der Politik kennt man Situationen, in denen Wahlen für die Ausreifung geschichtlicher Entwicklungen inopportun erscheinen, nämlich immer dann, wenn der Befragte aus Gründen mangelnder Information oder Angst die Bewältigung der an ihn gestellten Frage nicht zu leisten vermag.

In der therapeutischen Gruppe wirkt sich der soziometrische Test dann wie ein aktives Forcieren von Deutungen aus: Der Widerstand steigt, und die Gruppe weicht u. U. in die Repräsentation durch eine andere Persönlichkeit aus. Liegen die Widerstände jedoch mehr oberflächlich und sind sie nicht so stark angstbesetzt, dann kann der Test zu ihrer Aufklärung verhelfen und die Arbeit sogar erheblich vorantreiben. Trainings-Gruppen, deren Problematik häufig doch relativ oberflächlich und deren Verängstigung durch das zeitlich meist recht absehbare Ende der Veranstaltung gemäßigt bleibt, machen daher oft mit gutem Nutzen von soziometrischen Befragungen Gebrauch. Am National Training Laboratory wurde sogar eine Technik entwickelt, die am Ende jeder Sitzung eine verschieden differenzierte Bewertung vorsieht, die in wesentlichen Teilen einem soziometrischen Test entspricht und deren Auswertung am Anfang der nächsten Sitzung in die Gruppe rückgespiegelt wird, wodurch eine starke Anregung für die Fragestellung der Gruppe entsteht. Für analytische Gruppen eignen sich solche thematischen Manipulationen allerdings nicht, weil sie die Spontaneität der Gruppe vom Programm des Leiters her einengen und künstliche Schwerpunkte setzen.

Liegt aber keine derartige Kontraindikation vor, so ergänzt das Ergebnis der Soziometrie die aus der Beobachtung abgeleiteten Bestimmungen der Rangdynamik sehr. So ist z. B. jedes in Beta-Position befindliche Gruppenmitglied ein potentieller Rivale des Alpha. Wie aktuell diese Rivalität nun ist, läßt sich soziometrisch ablesen, denn sie hängt von seiner Popularität ab. Andererseits läßt sich aus dem Soziogramm im Fall eines populären Beta nicht ablesen, wer nun in Alpha- und wer in Betaposition ist. Die Zuwendung ist dann eben zweigipflig, und die Mehrheitsverhältnisse lassen keine Deutung über die Position zu. Die Situation des Alpha und damit auch der ganzen Gruppe ist freilich anders, je nachdem ob Alpha durch die überlegene Zuwendung der

Gruppe sich gefestigt fühlen darf oder unter dem Druck eines ihm an Popularität überlegenen Beta steht. In letzterem Fall kann man erwarten, daß bei Alpha die Tendenz zum Imponiergehaben zunimmt und daß er dazu neigen wird, den bisherigen Beta in Gegnerstellung zu bringen. Unter aggressiven, z. B. kriegerischen, Verhältnissen kann dieser Positionswechsel dramatische Formen annehmen, wie etwa im Wallensteindrama. In den therapeutischen Gruppen wird allerdings nicht mit Totschlag agiert. Die Todeswünsche formulieren sich hier in Anträgen oder Motiven zur Ausstoßung des Gruppenmitglieds aus der Gruppengemeinschaft.

Auch die Omega-Position läßt sich soziometrisch nicht verläßlich bestimmen. Meist hebt sie sich zwar durch erhöhte Abwendung heraus, es gibt aber auch scheinbar paradoxe Zuwendungen — zum Beispiel zum mit Abstand jüngeren Geschwister, falls es nicht von einem Elternteil besonders beschützt wird. Der ausreichende Unterschied der Machtverhältnisse versetzt es auf eine andre Ebene, sein Nachhinken wird als drollig empfunden und fordert nicht heraus. Dem entspricht das „Kasperln", durch das manche Individuen, die unter ihrer Omega-Position sonst leiden, gewissermaßen durch Tiefstapeln ihre Situation erleichtern, ja populär machen.

Wie H. Merl im Anschluß an H. E. Richter zeigen konnte, kommt in der Omega-Position die Ambivalenz der Gruppe zur Darstellung, das Gewicht der rückläufigen Kräfte. Ihre Formulierung zur Rolle ist deshalb so wichtig, weil sie — aus der Bewegungsrichtung der Gruppe gesehen — die negative Identität der Gruppe bildet. Im allgemeinen können wir drei Haltungen des Individuums in der Omega-Position unterscheiden: Die heroische, auf die Umkehr verweisende, für die das Mitgehen in der Gruppe zum Opfer wird; die ängstliche, ambivalent zögernde; und die betont schwache, die sich der Lächerlichkeit überläßt. Der soziometrische Befund des Omega gibt uns wichtige Hinweise über das zu erwartende Verhalten der Gruppe: Die anwachsende Popularität des heroischen Omega läßt einen baldigen dialektischen Umschlag erwarten (die Letzten werden die Ersten sein); in der therapeutischen Gruppe haben wir es meist mit dem ängstlichen Omega zu tun, dessen anwachsende Popularität ein Ausdruck für den Bewußtseinsgrad ist, den die Gruppe gegenüber ihrem Konflikt auszuhalten vermag; die Popularität des schalkhaften Omega läßt sich als eine Reaktionsbildung der Gruppe deuten, die eine Bewältigung des Konflikts nicht mehr sucht, diesen jedoch ertragbar macht.

Zusammenfassung

1. Die Positionen der Rangdynamik stehen in keinem eindeutigen Verhältnis zu den Ergebnissen der Soziometrie. Letztere kann daher

nicht zur Bestimmung oder Verifizierung der Positionen herangezogen werden.

2. Da die Rangordnung zu den Grundstrukturen des Organismus „Gruppe" gehört, gewinnen die auf diesen Hintergrund bezogenen Werte des Soziogramms überindividuelle, gruppenbedeutsame Aussagekraft. Sofern die Durchführung des soziometrischen Test den therapeutischen Gruppenprozeß nicht stört, erscheint es daher nützlich, von Zeit zu Zeit die Entwicklung der Gruppe und ihr Verhältnis zum gerade im Erlebnis stehenden Konflikt soziometrisch zu bestimmen.

Literatur

EDELWEISS, TANCO DUQUE, SCHINDLER: Personalisation. Wien-Freiburg-Basel 1964. – ENKE-FERCHLAND, EDITHA: Untersuchungen zur Gruppendynamik in der stationären Psychotherapie von psychosomatischen Patienten. (Inaug. Diss.) Freiburg 1967. – DIES.: Gruppennormen in der klinischen Gruppentherapie. Proc. d. IV. Int. Kongr. f. Gruppenpsychother. II/383–287, 1968. – HEIGL-EVERS, ANNELISE: Die Gruppe unter soziodynamischem und antriebspsychologischem Aspekt. In: H. G. PREUSS (Hrsg.): Analytische Gruppenpsychotherapie. München-Berlin-Wien 1966. – DIES.: Zur Behandlungstechnik in der analyt. Gruppentherapie. Zeitschr. f. psychosom. Med. 13, 266–276, 1967. – DIES.: Prägruppale Bezogenheiten in der analytischen Gruppenpsychotherapie. Gruppenpsth. u. Gruppendynamik I/9–28, 1968. – DIES.: Technische Prinzipien der analyt. Gruppenpsychotherapie. Proc. d. IV. Int. Kongr. f. Gruppenpsychotherapie II/143–163, 1968. – LAPP, E. A.: Soziometrie u. Gruppentherapie im psychiatr. Krankenhaus. Nervenarzt 30, H. 10, 451–458, 1959. – LEUNER, H.: Die Bedeutung der Gruppenpositionen von R. SCHINDLER für die Familientherapie. Proc. d. IV. Int. Kongr. f. Gruppenpsychother. II/175–179, 1968. – MERL, H.: Die Omega-Position in der analytischen Gruppe. Gruppenpsychother. u. Gruppendynamik I/51–68, 1968. – PETERSEN, P.: Sitzordnung u. Gruppendynamik in therapeut. Gruppen. Zeitschr. Psychother. med. Psychol. 17, 216–219, 1967. – DERS.: Spontane und dirigierte Gruppenbildung. Gruppenpsychother. u. Gruppendynamik I/106–115, 1968. – DERS.: Ferienlager mit chron. Anstaltspatienten. Gruppenpsychother. u. Gruppendynamik II/175–182, 1968. – PLOEGER, A.: Indikationen zur Gruppenpsychotherapie in der Klinik. Zeitschr. psychosom. Med. 13, 38–42, 1967. – DERS.: Auslösung einer Psychose durch verteilte Übertragung. Zeitschr. Psychother. med. Psychol. 16, 219–228, 1966. – DERS.: Zeiterleben in einer Extremsituation. Zeitschr. Psychother. med. Psychol. 16, 13–20, 1966. – PLOEGER, A. und SCHLUNK, P.: Gesprächsverhalten u. soziometrische Position. Proc. d. VII. Int. Kongr. f. Psychother., Wiesbaden 1967. – PLOEGER, A. und SCHUSTER, S.: Untersuchungen an den Geretteten der Bergwerkskatastrophe von Lengede 1963. Proc. d. Weltkongr. f. Psychiatrie, Madrid 1966. – RICHTER, H. E.: Eltern, Kind und Neurose. Klett, Stuttgart 1963. – SCHINDLER, R.: Grundprinzipien der Psychodynamik der Gruppe. Psyche 11, H. 5, 308–314, 1957. – DERS.: Über den wechselseitigen Einfluß von Gesprächsinhalt, Gruppenposition u. Ichgestalt in der analyt. Gruppentherapie. Psyche 14, 382–392, 1960. – DERS.: Soziodynamik der Krankenstation. Zeitschr. diagnost. Psychol. Persönlichkeitsforschung 3, 227–236, 1957. – DERS.: Der soziodynamische Aspekt in der bifokalen Gruppentherapie. Acta psychother., psychosom., orthopädagog. Suppl. 3, 337–344, 1959. – DERS.: Der Gruppentherapeut u. seine

Position in der Gruppe. Praxis d. Psychother. 6, 1–8, 1961. – DERS.: Die Bedeutung der Soziodynamik für d. Gruppentherapie. In: K. HÖCK: Gruppenpsychother. in Klinik u. Praxis, 79–85, Jena 1967. – DERS.: Zur Pathologie der fixierten Gruppenposition. Proc. d. IV. Weltkongr. f. Psychiatrie, Madrid 1966. – DERS.: Was lehrt uns die Gruppendynamik f. d. Verständnis der Psychodynamik bei schizophrenen Psychosen? Gruppenpsychother. u. Gruppendynamik I, 41–51, 1968. – DERS.: Dynamische Prozesse in der Gruppenpsychotherapie. Gruppenpsychother. u. Gruppendynamik II, 9–21, 1968.

Annelise Heigl=Evers und Franz Heigl

Gruppenposition und Lernmotivation*

Für das theoretische Verstehen und für die praktische Beeinflussung von Lernprozessen bietet die Gruppendynamik wichtige Aspekte; unter *Gruppendynamik* soll in diesem Zusammenhang die wissenschaftliche Beobachtung und Analyse von Kommunikationssystemen und Interaktionsprozessen verstanden werden (Lewin 1951; Hofstätter 1957; Bradford et al. 1964; Däumling 1968; Heigl 1969 und 1970).

Als *Gruppendynamik* wird außerdem die Veränderung von Ursache=Wirkung=Beziehungen in kleinen Gruppen bezeichnet. Ferner ist darunter die praktische Anwendung gruppenpsychologischer Theorien z. B. in der Hochschuldidaktik, in der Institutionsberatung (Fürstenau 1970), in der sozialen Rehabilitation von psychisch Kranken und dissozialen Persönlichkeiten zu verstehen sowie schließlich auch die Vermittlung gruppenpsychologischer Erfahrungen durch Lehrveranstaltungen in Form der sogenannten Trainingslaboratorien oder gruppendynamischen Seminare.

Lernen wird definiert als der Prozeß, durch den Verhalten aufgrund von Interaktionen mit der Umwelt oder von Reaktionen auf eine Situation relativ dauerhaft entsteht oder verändert wird (Skowronek 1969). *Lernen* umfaßt sowohl das Aneignen von sozialen Verhaltensweisen wie das von Wissensstoff. Erlernen von Sozialverhalten und Erwerb von Informationen stehen zueinander in Interdependenz (siehe dazu auch Brocher 1967).

Unter dem Aspekt der Individualgenese spielt sich jedes Lernen, sowohl das genetisch frühere des Sozialverhaltens wie das spätere des Stofflernens, in der Primärgruppe der Familie ab. Die Primärgruppe wird sozialpsychologisch definiert als eine spezielle face=to=face=Formation, in der die Mitglieder auf gemeinsame Ziele hin zusammenarbeiten, in der sie viele Ideale und Verhaltensweisen miteinander teilen, einen gewissen Grad von Zuneigung füreinander entwickeln und sich ihrer Verbundenheit bewußt sind.

In der Kindheit ist die Interdependenz von Stofflernen (Aneignen von Wissensstoff) und emotionalem Lernen (Aneignen sozialer Verhaltens=

---

* Nach einem Vortrag, gehalten am 22. April 1970 im Rahmen der Diskussionstage der Medizinischen Fakultät der Universität Göttingen über medizinischen Unterricht und Fragen der Hochschuldidaktik. Aus dem Institut für Psychoanalyse und Psychotherapie Göttingen (1. Vorsitzender: Dr. F. Heigl). Fundort s. S. 144.

weisen) evident. Im Erwachsenenleben wird dieser Zusammenhang häufig nicht gesehen, ohne daß er jedoch aufhörte zu existieren. Mit anderen Worten: Lernen geschieht immer in Interaktion mit anderen; auch in der singulären Situation bei räumlicher Abwesenheit der anderen werden diese, zum Beispiel als potentielle Partizipanten oder Konkurrenten, von der Phantasie des Lernenden antizipiert. Außerdem wirken die „bedeutsamen Anderen" der frühen Kindheit (RAPAPORT 1959) als internalisierte unbewußte Objekte auf den Lernprozeß ein. Lernen vollzieht sich also immer in Gruppen und ist deshalb gleichzeitig aufgabenzentriert und gruppenzentriert (vgl. dazu auch COHN 1970).

Die Motivation zum Lernen bildet sich auf folgende Weise: Es geht zunächst um einen Lernanreiz im Sinne einer initialen Motivation. Die Bedingungen für die Lernmotivation bestehen in einer Frustration, in einem Hindernis, das sich den bisher zum Erfolg führenden Denk- und Handlungsgewohnheiten entgegenstellt (THORNDIKE 1953; SKINNER 1953; ALEXANDER 1956; CORRELL 1967; HEIGL 1969). Ohne ein solches Problem bildet sich keine Lernmotivation. Mit anderen Worten: der Lernanreiz geschieht durch Unterbrechung automatischer Befriedigungen; am Anfang des Lernens steht ein Dilemma.

Außerdem ist ein Lernanreiz im Sinne einer akzessorischen Motivation zu nennen: Der Mensch hat, darin vielen Tieren ähnlich, die Fähigkeit, eine Beziehung zwischen einem Akt und dessen Ergebnis, so auch zwischen einem Lernakt und einem Lernergebnis, zu empfinden (THORNDIKE 1953; SKINNER 1953; CORRELL 1967; SKOWRONEK 1969; HEIGL 1969). Durch diese Rückempfindung des Erfolges eines Lernaktes steuert der Mensch seine Lernschritte. Anders gesagt: er lernt am Erfolg und verkürzt dadurch die für Versuch und Irrtum benötigte Zeit. Das Erfolgserlebnis, das einen Lernakt begleitet, stellt eine zusätzliche Motivation für weiteres Lernen dar. Jeder Mensch ist bezüglich dieser zusätzlichen Lernmotivation auf die Mitwirkung anderer Menschen angewiesen, vor allem derer, mit denen er in einer Gruppe zusammengeschlossen ist. Das Konzept des „am Erfolge Lernen" besagt, daß jeder Mensch über den Erfolg seines Lernens dauernd informiert werden muß. Mit anderen Worten: das sensorische System des einzelnen genügt nicht, um ein Erfolgserleben zu vermitteln; der einzelne bedarf dazu vielmehr der Rückmeldung von seiten der anderen.

Eine weitere, wie sich später herausstellte, besonders bedeutungsvolle Lernmotivation wurde 1946 bei gruppendynamischen Experimenten der LEWIN-Schule entdeckt (s. BENNE 1964): Wenn man Mitglieder kleiner Gruppen in einem bestimmten Rahmen mit Informationen über ihr eigenes Verhalten und dessen Wirkungen auf andere konfrontiert, dann wird dadurch ein Prozeß des Lernens über sich selbst und über die Art der Kommunikation zwischen sich und den anderen, über Intererfahrung (LAING 1969), Interaktion und Gruppenverhalten im allgemeinen eingeleitet und gefördert. Voraussetzung ist allerdings, daß die Teilnehmer sich zu solchen Daten nicht defensiv einstellen, d. h. über ein ausreichendes Maß an Ich-Stärke verfügen.

So geartete Lernerfahrungen innerhalb von Gruppen werden vornehmlich durch sogenanntes feedback vermittelt. Wenn ein Mensch einem anderen etwas mitteilt, so wird es notwendigerweise niemals zu einer vollkommenen Identifikation zwischen Kommunikant und Empfänger der Kommunikation kommen; der Empfänger der Kommunikation erlebt den Kommunikanten höchstens annähernd so wie dieser sich selbst erlebt (SBANDI 1970). Diese Abweichung und ihre Mitteilung (feedback) kann zum Erlernen neuer Kommunikationsformen motivieren und damit zu einer Verbesserung der Kommunikation führen. Das geschieht innerhalb von Gruppen durch das sogenannte feedback-Kontrollsystem, das von SBANDI (1970) kürzlich ausführlich dargestellt wurde. Ein Abweichen des Ist-Wertes vom Soll-Wert der Kommunikation hinsichtlich ihrer Art (i. e. Verhaltensweisen der Teilnehmer) und ihres Inhalts (i. e. Thema) schafft Unbehagen. Wird dieses Unbehagen geäußert, so kann ein neues Kommunikationsmodell und können evtl. ein neuer Soll-Wert für die Kommunikation innerhalb der Gruppe sowie eine entsprechende Lernmotivation bei den Teilnehmern entstehen. „Durch den feedback-Prozeß wird also das System (Gruppe) gesteuert und korrigiert" (CHIN 1961).

Neben dem feedback spielen folgende Informationsvermittlungen in Gruppen eine Rolle: die Interpretation, die Selbstbeobachtung und die Fremdbeobachtung. Während das feedback dem Muster folgt: Ich fühle so und so in Antwort auf dein Verhalten und deine Kommentare, entspricht die Interpretation dem Muster: Das, was du jetzt ausdrückst, anstrebst, tust, bedeutet dies oder jenes. Oder sie folgt dem Muster: Du tust das jetzt, weil ... (STOCK WHITAKER u. LIEBERMAN 1964; HEIGL-EVERS u. HEIGL 1970).

Nach den Untersuchungen von THELIN (1954), BATES (1952), SEARS (1940), ROETHLISBERGER u. DIXON (1939) und LINDGREN (1956) sind der Bezug des einzelnen Gruppenmitglieds zur Gruppe und die Antizipation der Gruppenreaktion durch den einzelnen von Bedeutung für das Lernen; d. h. daß, nach der Formulierung CORRELLS (1967), Lernen u. a. eine Funktion der Antizipation der Gruppenreaktion durch den einzelnen ist. Die Tendenz zur Konformität zwischen den individuellen Lernneigungen und den Auffassungen der betreffenden Gruppe ist so stark, daß CORRELL die Frage stellt, ob ein individuelles Lernen gegen die Einstellung der Gruppe überhaupt möglich ist (McKEACHIE 1954; CORRELL 1967).

Eine weitere Determinante für Lernmotivation und Lernfähigkeit ist nach unseren Beobachtungen der individualspezifische Bezug des einzelnen zur Gruppe sowie die individualspezifische Antizipation oder Erwartung der Gruppenreaktion auf sein Verhalten; es handelt sich um die Determinanten, die durch die Begriffe *Position, Funktion* und *Rolle** bezeichnet werden.

Damit eine Gruppe funktionieren kann, sowohl in strukturierter, aufgabenzentrierter wie auch in unstrukturierter, gruppenzentrierter (z. B. therapeutischen Gruppen) Form, muß sich unter den Teilnehmern eine *Funktionsverteilung* herausbilden (HOMANS 1960). Diese Funktionsverteilung ist abhängig

a) von der der Individualstruktur inhärenten Disposition für eine bestimmte Funktion oder Position, d. h. von der endogenen Motivation des einzelnen;
b) von der Zusammensetzung (z. B. homogen oder heterogen) und der Struktur (z. B. offen oder geschlossen) der Gruppe und daraus resultierenden Interaktionen, d. h. von der exogenen, situationsbedingten Motivation des einzelnen;
c) von der Aufgabe und Zielsetzung der Gruppe;
d) von den Beziehungen der betreffenden Gruppe zu ihrer Umwelt, vom jeweiligen sozialen Kontext.

Für die Positions- oder Funktionsverteilung innerhalb von Gruppen wurde von R. SCHINDLER (1957/58) im Sinne der von ihm entwickelten „soziodynamischen Grundformel" ein Schema angegeben, das von einem von uns erweitert und modifiziert wurde. Nach diesem modifizierten Schema (HEIGL-EVERS 1966, 1967, 1968) sind in Gruppen folgende Positionen bzw. Funktionen zu beobachten:

Die Funktion des Repräsentanten des gemeinsamen Gruppenbelangs, der Aktion *(Alpha)*.

Die Funktion des aktiv an der Aktion Partizipierenden *(Gamma)*, die folgende Varianten zeigt:

a) den im Sinne der Identifikation mit *Alpha* partizipierenden („deine Sache ist die meine") *Gamma I*;

---

* Die Bezeichnungen *Position, Funktion* und *Rolle* beziehen sich auf verschiedene Aspekte desselben gruppenpsychologischen Phänomens. *Position* bezeichnet die einem Gruppenteilnehmer (formell oder informell) zugewiesene Stellung und damit die Art der ihm eingeräumten Einflußnahme innerhalb einer Gruppe; sie bestimmt außerdem die von dem Betreffenden in der Gruppe funktionsteilig auszuübende Aktivität. *Funktion* bezeichnet diese einer Position eigentümliche Aktivität. *Rolle* bezeichnet die charakteristische Art und Weise, in der der Inhaber einer definierten Gruppenposition die ihm zugewiesene Aktivität ausübt, wobei die Art der Ausübung den Erwartungen der anderen entsprechen muß.

b) den in komplementärer Weise zur Aktion partizipierenden („ich unterstütze deine Sache in ergänzender Weise") *Gamma II;*

d) den in kontrollierend-überwachender Weise partizipierenden („ich überwache die Durchführung der Aktion im Sinne der von ihr implizierten Gruppennorm") *Gamma III.*

Die Funktion des mit Einschränkung Partizipierenden (Kritik an der Aktion), des *Beta,* die folgende Varianten zeigt:

a) den im Sinne eines bedingten Pro partizipierenden („ja, ich stimme zu, aber ...") *Beta I;*

b) den im Sinne eines bedingten Kontra partizipierenden („nein, ich bin dagegen, außer wenn ...") *Beta II;*

c) den im Sinne des Schwankens partizipierenden *Beta III* („einerseits bin ich für diese Sache, andererseits scheint mir einiges für eine entgegengesetzte Aktion zu sprechen").

Die Funktion des schwachen Gegners der Aktion, des *Omega* („ich bin dagegen, ich stimme nicht zu, ich schließe mich aus" — mit Angst oder sonstigem Unbehagen).

Die Funktion des *Gegners* (der Aktion), der eine Gegenaktion repräsentiert und damit ein Gegenalpha ist.

Diese Positionen oder Funktionen sind inhaltsneutral. Sie haben Trägerfunktion in bezug auf variable Rollen. Gruppenpositionen oder Gruppenfunktionen sind bestimmten Rollen in spezifischer Weise zugeordnet. So ist zum Beispiel der Position des *Alpha* und seiner Funktion der Repräsentanz die Rolle des Führers, des Sprechers, des Initiators zugeordnet; der Position des *Gamma I* und seiner Funktion des identifikatorischen Partizipierens ist die Rolle des Mitglieds oder Mitläufers zugeordnet. Der Position des *Gamma II* und seiner Funktion des komplementären Partizipierens entsprechen die Rollen des Helfers, des Nutznießers, des Zuarbeiters. Zur Position des *Gamma III* und seiner Funktion des kontrollierend-überwachenden Partizipierens gehören die Rollen des Normenhüters, des Ideologen, des Kontrolleurs, des Überwachers.

Den Positionen des *Beta I* und *Beta II* und ihren Funktionen der eingeschränkten Partizipation sind die Rollen des Beobachters, des Kritikers, des Rezensenten, der „grauen Eminenz", des Experten, des Beraters, des Anwalts sowie die Rolle des Konsultanten zugeordnet, der Position des *Beta III* die Rollen des Schiedsrichters, des Vermittlers, des Unterhändlers.

Der Position des *Omega* und seiner Funktion des geschwächten, ohnmächtigen Protestes entsprechen die Rollen des Außenseiters, des Hofnarren, des Prügelknaben, des Sündenbocks (s. a. Merl 1968).

Die Gruppenpositionen werden von R. SCHINDLER (1960/61) in Entsprechung zur Definition der Rolle (HARTLEY u. HARTLEY 1955; RICHTER 1963) u. a. charakterisiert durch die an den Betreffenden gerichteten bewußten und unbewußten Erwartungen der Gruppe. „So regt die Erwartung gegenüber der Alpha-Position dieses Gruppenmitglied zur Selbstdarstellung an ... Die Erwartung gegenüber der Beta-Stellung regt zu umschriebener, meistens praktisch verwertbarer Leistung an ... Die Erwartung gegenüber der Gramma-Position regt zu Handlung und motorischer Aktivität („Mittun") an ... Von der Omega-Position geht eine deutliche Hemmwirkung aus ... typisch ist auch der Anreiz zur ängstlich vorgetragenen Aggression ... Auch die Erwartungen gegenüber dem Gegner fördern in der Regel aggressive Impulse" (R. SCHINDLER 1960/61).

Nach unseren eigenen Beobachtungen und Überlegungen besteht eine Abhängigkeit der Lernmotivation sowie Lernfähigkeit des einzelnen von dessen Gruppenposition bzw. Gruppenfunktion. Die Einnahme einer bestimmten Gruppenposition bzw. die Übernahme einer bestimmten Gruppenfunktion führt zu einer bestimmten mehr oder minder einseitigen Lernmotivation, die bei habitueller Einnahme der Position und Rolle zur Lernstörung führt. Der Wechsel von einer Position zur anderen kann dagegen einen Lernschritt bedeuten. Neben der individuellen Charakterstruktur des Teilnehmers einer Gruppe scheint uns seine Gruppenposition der wichtigste Faktor für Lernmotivation und Lernfähigkeit zu sein.

Jede Position impliziert eine bestimmte Sichtweise, d. h. der Positionsinhaber sieht und erlebt das Gruppengeschehen unter einem bestimmten, für ihn dominierenden Aspekt. So sieht der Inhaber der Alpha-Position den Gruppenprozeß vorwiegend unter dem Aspekt der Repräsentanz, der Inhaber der Beta-Position unter dem Aspekt des eingeschränkten, distanzierten Engagements, der Inhaber der Gamma-Position erlebt die Gruppe unter dem Aspekt der Identifikation und der Außenseiter unter dem der Gefährdung und des Protestes.

In der *habituellen Position der Repräsentanz* mit den Rollen des Initiators, Sprechers oder Stars wird kein starker Lernanreiz erlebt. Wem es zum Beispiel in einem Seminar hauptsächlich um Glanz und Repräsentanz geht, wer darin durch die Teilnehmer und den Dozenten oder Tutor ausdrücklich bestätigt wird, hat in dieser Gruppe nur geringe Chancen zum Lernen. Er erfährt hier nur eine intensive Geltungsbefriedigung. Der Lernanreiz durch das Dilemma eigener Ohnmacht entfällt und damit ein Hauptfaktor für die Motivation, neue Informationen aufzunehmen und neue Einstellungen zu entwickeln. Der Repräsentant einer Gruppe sollte nach den eigenen und nach den Erwartungen der anderen alles schon wissen, sollte des Lernens in der Gruppe nicht mehr bedürfen, sich also auch nicht lernbedürftig zeigen.

In einer Oberstufenklasse einer höheren Schule repräsentierte eine Schülerin das Leistungspotiential der Klasse im Sinne einer unbestrittenen Alpha-Position. War sie einmal nicht in der Lage, eine Frage zu beantworten oder die Lösung eines Problems anzugeben, so reagierte der Klassenlehrer beunruhigt, meinte Symptome einer beginnenden Erkältung bei der Schülerin wahrzunehmen und drängte sie, den Unterricht zu verlassen und sich ins Bett zu legen.

In einer Seminargruppe entwickelte der Inhaber der Alpha-Position die Tendenz, immer dann, wenn der Dozent ihm im Sinne der Korrektur oder Neuinformation etwas gesagt hatte, zu beweisen, daß er über diese Informationen im Grunde längst verfügte, daß sie in seinen vorangegangenen Äußerungen implizit enthalten gewesen waren.

Ein Sprecher einer Lerngruppe sagte einmal: „Mir ist es das wichtigste, ich habe das Vertrauen der Gruppenmitglieder und kann mich dadurch getragen fühlen."

Der Inhaber der Alpha-Position nimmt nur solchen Lernstoff auf oder solches Verhalten an, das seine repräsentative Funktion festigt. Es fällt ihm ausgesprochen schwer, Gedankengängen anderer zu folgen, also Gefolgsmann zu sein; dies wäre aber notwendig, um zunächst einmal die Gedankengänge des Gegenübers zu verstehen. Menschen, die habituell die Alpha-Position beziehen, sind besonders kritikempfindlich und lernen oft leichter in der Abgeschlossenheit der eigenen Studierstube oder aus von Koryphäen verfaßten Lehrbüchern, von denen sie, bei Vermittlung durch das gedruckte Wort, allenfalls etwas annehmen können.

In der *habituellen Position des Partizipierens* mit den Rollen des Anhängers, des Assistenten oder Schülers ist eine Lernmotivation hauptsächlich im Sinne einer rezeptiven Einstellung, der Aufnahme des Wissensstoffes und der Identifikation mit dem Dozenten gegeben. Demgegenüber tritt die kritische Auseinandersetzung mit dem Angebotenen zurück. Der Betreffende übernimmt Informationen bereitwillig, ist sehr in der Gefahr, das Gehörte nachzubeten, und bleibt in dieser nur rezeptiven Einstellung unkreativ. Der bloße Schüler indentifiziert sich mit dem Dargebotenen und dem Darbietenden zu schnell; es fehlt die kritische Abgrenzung vom Stoff und von dessen Vermittler. Ein so eingestellter Student äußerte einmal: „Mir ist noch nie der Gedanke gekommen, daß meine Lehrer etwas Falsches sagen könnten."

Auch die *habituelle Position des eingeschränkten, distanzierten Partizipierens* mit den Rollen des Beobachters und des Kritikers ist mit einer ganz bestimmten Lernmotivation verbunden, nämlich mit derjenigen zur kritischen Distanzierung vom angebotenen Wissensstoff. Der reine Beobachter verharrt aufgrund seiner Einstellung eines: „Ja, aber ..."; „nein, außer ..."; "teils, teils ..." in zu großem Abstand zum Lernstoff und zum Stoffvermittler und vermeidet so jedes engagierte Sich-einlassen. Nur als mit Sicherheit kompetenter Kritiker wagt er sich aus seiner

Beobachtersstellung heraus, während er sich sonst mit seiner Einstellung und mit seinen Gefühlen gegenüber der Gruppe, auch in bezug auf den angebotenen Lernstoff, nur wenig exponiert, also zu sehr in der bloßen inneren Auseinandersetzung mit Stoff und Stoffvermittler verbleibt. Wer nur kritischer Beobachter ist und seine reservatio mentalis immer beibehält, wird sich nicht berühren, bewegen und befruchten lassen und wird aus diesem Grunde unkreativ bleiben.

In der *habituellen Position des ohnmächtigen Protestes* mit den Rollen des Außenseiters, des Hofnarren, des Prügelknaben oder Sündenbocks ist man nicht zur Teilnahme am Lernprozeß der Gruppe motiviert; eine vorwiegend defensiv-protestierende Einstellung gegenüber den anderen macht das unmöglich. Der Inhaber der Omega-Position erlebt die Bewältigung des Lernstoffes als Zumutung, gegen die er sich auflehnt. Diese Auflehnung kann sich sowohl in den verschiedenen Äußerungsformen geistiger Abwesenheit manifestieren (Nicht-hinhören, Abschalten der Aufmerksamkeit, Sich-ablenken-lassen durch Umweltreize und Tagträumereien usw.) als auch in der Form aktiven Protestes (nörgelnde herabsetzende Kritik, Lächerlichmachen, vorwurfsvolle Resignation).

Die Majorität der am Lernprozeß Partizipierenden erlebt, zumeist unreflektiert, im Omega das Widerständige des Lernstoffs und den eigenen latenten Widerstand gegen die mit dessen Bewältigung verbundene Mühsal; sie ist in Abwehr dagegen dazu motiviert, den Omega zu bekämpfen, z. B. indem sie ihn auslacht, sich mit Entrüstung gegen ihn wendet, ihn links liegen läßt oder ihn auszuschließen versucht. Dadurch wird die defensiv-verneinende Einstellung des Omega noch verstärkt.

Eine Positions- bzw. Funktionsverteilung ist für Entstehung und Erhaltung einer Gruppe notwendig, wobei die einzelnen Positionen bzw. Funktionen je nach Gruppenmodell verschieden charakterisiert und bezeichnet werden. Entscheidend für die Fähigkeit zum Lernen ist die Flexibilität oder die Rigidität, mit der der einzelne Positionen einnimmt, wechselt oder beibehält. In einer institutionalisierten Position läßt die Lernmotivation oft nach; die „Stufe der Inkompetenz" ist dann häufig erreicht.

Positiv formuliert bedeutet das bisher Dargestellte: *Optimales Lernen* geschieht dann, wenn jemand positionsflexibel ist, wenn jemand in der Lage ist, seine Position in der Gruppe seinen Bedürfnissen entsprechend zu verändern. Jede Position bedeutet eine bestimmte einseitige Anschauung, gegenüber einem neuen Lernstoff ebenso wie gegenüber neuen sozialen Verhaltensweisen. Wer habituell an eine Position gebunden ist, ist dem Lernstoff gegenüber einseitig motiviert. Eine didaktische Funktion des Dozenten oder Tutors könnte also darin bestehen, die einzelnen auf solche Positions- und Rollenfixierungen und deren das Lernen blokkierenden Effekt aufmerksam zu machen.

Abschließend noch ein kurzer Hinweis auf die regelhaft in Kleingruppen auftretenden Konflikte: Nach BENNIS (1964) treten bei der Entstehung und bei der Erhaltung von Gruppen in unserer Kultur vor allem zwei Konfliktbereiche in Erscheinung: der eine betrifft die Orientierung gegenüber Autorität oder, allgemeiner ausgedrückt, die Orientierung in bezug auf den Umgang mit und die Verteilung von Macht und Einfluß in der Gruppe. Mit anderen Worten: es geht um die Probleme der Rebellion, der Unterwürfigkeit und des Rückzugs als den charakteristischen konflikthaften Antworten auf Autoritäten. Der zweite Konfliktbereich betrifft die Orientierung der Mitglieder untereinander. Hierbei geht es wesentlich um den Umgang mit und die Verteilung von Intimität, also um die Fragen von gefühlshafter Nähe und Ferne. Die charakteristischen Konflikte in diesem Areal stellen sich in destruktivem Wettbewerb, emotionaler Ausbeuterei oder emotionalem Rückzug dar.

In jeder Kleingruppe, auch in einer vorwiegend auf Lernzwecke ausgerichteten Seminargruppe, sind diese beiden um Macht und Intimität zentrierten Konfliktbereiche zu beobachten. Wenn der Dozent oder Tutor als Informationsvermittler oder in seiner didaktischen Funktion nicht darum weiß, wenn er z. B. nicht in der Lage ist, Zeichen für Kämpfe um Führung und Autorität oder Zeichen für Rivalitätsauseinandersetzungen um die Gunst des Dozenten, Tutors, Gruppensprechers oder eines anderen Teilnehmers zu erkennen, so ist er auch nicht in der Lage, das Gruppengeschehen zu diagnostizieren und angemessen, durch feedback, Mitteilung von Beobachtungen oder Interpretation, zu intervenieren.

Latente Kämpfe um Autorität und Macht können sich z. B. darin anzeigen, daß ein Teilnehmer einer Arbeitsgruppe vorwiegend prinzipielle Fragen hinsichtlich der Gültigkeit der von dem betreffenden Dozenten vermittelten Informationen stellt und damit indirekt die Kompetenz des Informationsvermittlers anzweifelt. Es geht diesem Teilnehmer dabei im Grunde weniger um kritische Auseinandersetzung mit dem angebotenen Stoff als vielmehr um einen prinzipiellen Zweifel an der Kompetenz des betreffenden Dozenten; es geht ihm im Grunde um einen eigenen Führungsanspruch.

Ein Signal für latente Rivalitätskonflikte unter den Mitgliedern einer Seminargruppe kann so aussehen: Der Teilnehmer A schließt sich mit seinen Diskussionsbemerkungen regelhaft an einen Diskussionsbeitrag des Teilnehmers B an, und zwar immer so, daß er den Beitrag von B erweitert, verbessert oder modifiziert und auf diese Weise indirekt zum Ausdruck bringt, daß er es besser weiß und kann als B, um sich so dem Dozenten zu empfehlen und B in dessen Gunst auszustechen.

Zusammenfassung

Wir sind davon ausgegangen, daß gruppendynamische Erkenntnisse für das Verständnis und die Förderung von Lernprozessen wichtig sind. Nach einer Skizzierung der Charakteristika der Gruppendynamik und des Lernens, insbesondere der Beziehungen zwischen Stofflernen und emotionalem (sozialem) Lernen, haben wir die Lernanreize durch initiale und akzessorische Lernmotivationen kurz dargestellt:

- den Lernanreiz durch Frustration und Dilemma;
- das Konzept des „am Erfolge Lernen";
- den Lernanreiz durch Information über das eigene Verhalten und dessen Wirkung auf andere;
- den Lernanreiz durch die Antizipation der Gruppenreaktion von seiten des einzelnen.

Als eine weitere Lernmotivation, die sich uns aus eigenen Beobachtungen an strukturierten und unstrukturierten Gruppen ergeben hat, haben wir den individualspezifischen Bezug des einzelnen zur Gruppe sowie die individualspezifische Antizipation oder Erwartung der Gruppenreaktion dargestellt, d. h. die Bedeutung von Position, Funktion und Rolle als Determinanten des Lernprozesses. Wir haben dabei zentriert auf die Position, die der einzelne in der Gruppe einnimmt, das heißt, die ihm von den anderen Gruppenteilnehmern zugewiesene Stellung mit dem ihm zuerkannten Maß an Einflußnahme.

Ausgehend von der soziodynamischen Grundformel R. SCHINDLERS haben wir vier Gruppenpositionen unterschieden:

- die des Repräsentanten oder Alpha;
- die des uneingeschränkt Partizipierenden oder Gamma;
- die des eingeschränkt distanziert Partizipierenden oder Beta;
- die des ohnmächtig Protestierenden oder Omega.

Wir haben sodann die positionsspezifischen Einseitigkeiten der jeweiligen Sicht- und Erlebnisweise mitsamt den daraus resultierenden Lernmöglichkeiten und Lernbehinderungen beschrieben, wie sie sich besonders bei *habitueller* Einnahme einer Position ergeben.

Der Inhaber der Alpha-Position ist einerseits dazu befähigt, die Aufgabe der Gruppe und das zu ihrer Bewältigung verfügbare Potential zu repräsentieren. Er ist also dazu motiviert, Stärke zu bekunden. Auf der anderen Seite hindert ihn der in der Funktion der Repräsentanz involvierte Geltungsanspruch an der Rezeption neuen Lernstoffes *in* der Gruppe.

Der Inhaber der Gamma-Position ist auf der einen Seite in der Lage, sich mit neuen Informationen und mit deren Vermittler schnell zu identifizieren. Auf der anderen Seite fällt ihm die kritische Abgrenzung gegen Lernstoff und Stoffvermittler schwer.

Der Inhaber der Beta=Position ist dazu befähigt, sich aus kritischer Distanz mit Information und Informationsvermittler auseinanderzusetzen; doch fehlt ihm die Fähigkeit zu intensivem Engagement, das die Voraussetzung für eine Befruchtung durch den Lernstoff und dessen Vermittler und damit für kreative Möglichkeiten ist.

Der Inhaber der Omega=Position schließlich ist befähigt, das Widerständige und Fragwürdige eines Lernstoffes und die themenimmanenten und gruppenimmanenten Probleme und Konflikte zu sehen und zu artikulieren, jedoch aus einer defensiv=verneinenden Einstellung heraus, die sich in Ablehnung des Lernstoffes und der Gruppe manifestiert.

Abschließend erwähnten wir kurz die regelhaft in Kleingruppen unserer Kultur in Erscheinung tretenden Konfliktzentren: Umgang mit und Verteilung von Macht einerseits und Intimität andererseits. Einige Anzeichen solcher Konflikte in Seminargruppen wurden erwähnt und ihre Bedeutung für den Dozenten oder den Tutor in seiner didaktischen Funktion akzentuiert.

Literatur

ALEXANDER, F.: Psychoanalysis and psychotherapy. Norton and Company, New York 1956. – BATES, A. P.: Some sociometrie aspects of social ranking in a small face=to=face=group. Sociometry 1952, p. 337 ff. – BENNE, K. D.: History of the T=group in the laboratory setting. In: T=group theory and laboratory method, pp. 80–135, Hrsg. BRADFORD, GIBB and BENNE. John Wiley and Sons, New York 1964. – BENNIS, W. L.: Patterns and vicissitudes in T=group development. In: T=group theory and laboratory method, pp. 249–265, Hrsg. BRADFORD, GIBB and BENNE. John Wiley and Sons, New York–London–Sidney 1964. – BRADFORD, L. P., GIBB, J. R., and BENNE, K. D.: T=group theory and laboratory method. John Wiley and Sons, New York–London–Sidney 1964. – BROCHER, T.: Gruppendynamik und Erwachsenenbildung. Georg Westermann Verlag, Braunschweig 1967. – CHIN, R.: The utility of system models and developmental models for practitioners. In: The planning of change, Hrsg. BENNIS, BENNE and CHIN, New York 1961. – COHN, RUTH: Das Thema als Mittelpunkt interaktioneller Gruppen. In: Gruppenpsychotherapie und Gruppendynamik 3: 251–259 (1970). – CORRELL, W.: Lernpsychologie. Verlag Ludwig Auer, Donauwörth 1967. – DÄUMLING, A. M.: Sensitivity=Training. In: Gruppenpsychotherapie und Gruppendynamik 2: 113–123 (1968). – FÜRSTENAU, P.: Institutionsberatung. In: Gruppendynamik 1: 219–223 (1970). – HARTLEY, E. L., und HARTLEY, R. E.: Die Grundlagen der Sozialpsychologie. Verlag Rembrandt, Berlin 1955. – HEIGL, F.: Zur Psychodynamik der Lernstörungen. Z. psycho=somat. Med. 15: 239–251 (1969). – DERS: Einige Gedanken zur Gruppendynamik. Z. psycho=somat. Med. 16: 80–98 (1970). – HEIGL=EVERS, ANNELISE: Die Gruppe unter soziodynamischem und antriebspsychologischem Aspekt. In: Analytische Gruppenpsychotherapie, Grundlagen und Praxis, Hrsg.: H. G. PREUSS. Urban u. Schwarzenberg, München–Berlin–Wien, 1. Aufl. 1966. – DIES.: Zur Behandlungstechnik in der analytischen Gruppenpsychotherapie. Z. psycho=somat. Med. u. Psychoanal. 13: 266–276 (1967). – DIES.: Einige technische Prinzipien der analytischen Gruppenpsychotherapie. Z. psycho=

somat. Med. u. Psychoanal. 14: 282–291 (1968). – Heigl, F., und Heigl-Evers, Annelise: Gesichtspunkte zur Indikationsstellung für die kombinierte Einzel- und Gruppenpsychotherapie. In: Gruppenpsychotherapie u. Gruppendynamik 4: 82–99 (1970). – Hofstätter, P. R.: Gruppendynamik. Rowohlt, Hamburg 1957. – Homans, G. C.: Theorie der sozialen Gruppe. Westdeutscher Verlag, Köln u. Opladen 1960. – Laing, R. D.: Phänomenologie der Erfahrung. Edition Suhrkamp, Frankfurt 1969. – Lewin, K.: Field-theory in social science. New York 1951. – Lindgren, H. C.: Educational psychology in the class-room. New York 1956. – McKeachie, W. J.: Individual conformity to attitudes of classroom groups. J. abnorm. psychol. 1954, p. 282 ff. – Merl, H.: Die Omega-Position in der analytischen Gruppe. Gruppenpsychotherapie und Gruppendynamik 1: 51–67 (1968). – Pawlow, J. P.: Sämtliche Werke. Berlin 1953. – Rapaport, D.: Die Struktur der psychoanalytischen Theorie. Klett Verlag, Stuttgart 1959. – Richter, H.-E.: Eltern, Kind und Neurose. Klett Verlag, Stuttgart 1963. – Roethlisberger, F. J., and Dixon, W. S.: Management and the worker. Cambridge 1939. – Sbandi, P.: „Feedback" im Sensitivity-Training. In: Gruppenpsychotherapie und Gruppendynamik 4: 17–32 (1970). – Schindler, R.: Grundprinzipien der Psychodynamik in der Gruppe. Psyche 11: 308–314 (1957/58). – Über den wechselseitigen Einfluß von Gesprächsinhalt, Gruppenposition und Ichgestalt in der analytischen Gruppentherapie. Psyche 14: 382–392 (1960/61). – Sears, P. S.: Levels of aspiration in academically successful and unsuccessful school children. J. abnorm. soc. psychol. 1940, p. 498 ff. – Skinner, B. F.: Science and human behavior. New York 1953. – Skowronek, H.: Lernen und Lernfähigkeit. Juventa Verlag, München 1969. – Lieberman, M. A. and Stock Whitaker, Dorothy: Psychotherapy through the group process, pp. 169–175. Tavistock Publications, 1964. – Thelin, H. A.: Dynamics of groups at work. Chicago, 1954. – Thorndike, E. L.: Fundamentals of learning. New York, 1932.

(Als Vortrag gehalten und diskutiert auch im Tutorenseminar der Stiftung Volkswagenwerk vom 18.–20. 1. 1971 in Reinhausen bei Göttingen.)

Klaus Antons*

Zum sogenannten Autoritätsproblem in gruppendynamischen Laboratorien

1. Einleitung

Die Genese der folgenden Überlegungen ist sehr komplexer Natur: Am letzten Abend des spannungsreichen Fortbildungsseminars der Sektion Gruppendynamik des DAGG (vom 27. bis 31. Juli 1970 in Bad Boll) entspann sich, im Anschluß an eine Auswertung des „historisch" bedeutsamen und umstrittenen Laboratoriums in Bad Teinach, ein sehr fruchtbares Gespräch zwischen einem guten Dutzend Mitgliedern der Sektion über die Frage „Trainerstil und Autorität". Das dort Diskutierte erschien mir so anregend, daß ich ein Protokoll an die Gesprächsteilnehmer versandte, verbunden mit der Bitte um Kritik und Ergänzung zwecks gemeinsamer Publikation. Als Reaktion erfolgten schulterklopfend-lobende Äußerungen, jedoch keine inhaltlichen Stellungnahmen, die eine gemeinsame Autorenschaft rechtfertigen würden. — Es ist offensichtlich schwierig, kooperative Publikationsformen zu verwirklichen. Deshalb greife ich, nach einem halben Jahr Latenzzeit, zur üblichen Publikationsform und möchte hiermit allen Bad-Boll-Teilnehmern danken für ihr „geistiges Gut", das sie zur Verfügung gestellt haben.

Anschließend möchte ich die in jenem Gespräch geäußerten Gedanken konfrontieren mit dem, was sich in der Nachfolge von Bad Teinach in einer Reihe von Trainings „neuen Stils", die positive Potenzen als auch neue „blinde Flecke" seitens der Verantwortlichen zu beinhalten scheinen, herauskristallisiert hat. Nicht masochistische Selbstkritik, sondern ein Appell an Fähigkeit und Bereitschaft zur Eigenanalyse ist damit beabsichtigt. Diese Auseinandersetzung ist gemeint im Sinne der sozialen Eigenanalyse, wie sie von Enke besonders für psychotherapeutisch wirksame Institutionen verschiedentlich gefordert wurde: So wie der Analytiker in seiner Lehranalyse die Wirksamkeit seiner eigenen Person als therapeutisches Agens erkennen kann, so sollten auch Institutionen sich ihrer Wirkung auf die Klienten methodisch bewußt werden, diese Wirkung analysieren und bearbeiten können.

* Abteilung für Medizin-Soziologie und Sozialpsychologie der Universität Ulm (MNH). Fundort s. S. 144.

Im Rahmen der Sektion Gruppendynamik des DAGG haben sich Trainer zu einem Berufsverband zusammengefunden, der mit seinen Aufnahme- und Ausbildungsrichtlinien sowie mit einer Art Ehrenkodex eine hochprofessionalisierte Berufsgruppe darstellt, die in diesem Sinne als Instituiton wirksam ist.

2. *Das Bad-Boll-Gespräch*

In verschiedenen Theorieansätzen gruppendynamischer Prozesse (am profiliertesten bei BION, THELEN sowie BENNIS u. SHEPPARD) wird mit weitgehender Übereinstimmung zwischen zwei Phasen der Gruppenentwicklung im Rahmen eines Laboratoriums unterschieden: In der ersten Phase operiert die Gruppe auf dem Niveau der „basic assumptions" mit Abhängigkeit und Gegenabhängigkeit, Flucht, Kampf und Paarverhalten; sie ist charakterisiert durch die Auseinandersetzung mit den verschiedenen Autoritäten. Dieses Operationsniveau kann mit einiger Sicherheit verlassen werden, wenn eine Lösung des Autoritätsproblems erreicht ist. Erst dann ist die zweite Phase der Interdependenz oder der personalen Beziehungen möglich. — Nach einer solchen „simplen Philosophie der Gruppendynamik" (FÜRSTENAU, mündliche Mitteilung) kann eine Gruppe erst dann in wirksame interpersonale Beziehungen und in den feedback-Prozeß eintreten, wenn eine konstruktive Lösung der Auseinandersetzung mit dem Trainer erfolgt ist; erst dann ist es möglich, den seiner initialen Rollenerwartungen enthobenen Trainer als Gruppenmitglied bzw. als Fachberater anzunehmen.

Kritik an der Universalität und Verbindlichkeit dieses Entwicklungsmodells kam von den Diskussionsteilnehmern aus Erfahrungen mit solchen Gruppen, in denen dieser „klassische" Verlauf nicht zu beobachten war. Zwei Erfahrungsbereiche bestimmten die Diskussion:

— In der Gruppenarbeit mit Jugendlichen und Studenten wurde häufiger die frustrierende Erfahrung gemacht, daß der Trainer von der Gruppe „liegengelassen" wird, solange er darauf drängt, daß die Gruppe „ihr" Autoritätsproblem löse. Erst der Verzicht auf diese Forderung erlaubt es ihm, in der Gruppe „mitzuspielen". Die angebotene Interpretation, daß Jugendliche gerade dieser Generation das Problem der Autoritätsauseinandersetzung verleugnen oder verdrängen, konnte entkräftet werden: Diese Gruppen waren durchaus arbeitsfähig und operierten auf der Ebene interpersonaler Beziehungen, was schon mit dem Modell der ersten Phase kontrastiert.

  Plausibler erschien die Interpretation, daß die heutige Generation von Jugendlichen ihre — zahlreichen — Autoritätskonflikte überträgt auf Institutionen wie Familie, Kirche, Hochschule, Staat: Hier, im Bereich der Institutionen, bietet sich für sie die Möglichkeit des Ausagierens von Abhängigkeiten und Gegenabhängigkeiten. Dabei vermindern diese zahlreichen Gelegenheiten, im institutionellen Bereich Gegenabhängigkeit und Kampf zu agieren, offensichtlich den psychischen Druck, sich in der persönlichen Begegnungssituation mit der verweigernden Autorität des Trainers auseinanderzusetzen. Offensichtlich können sie dem Raum der persönlichen Begegnung im Sinne einer konfliktfreien Sphäre (HARTMANN) von Autoritätsproblemen freier halten (vgl. zu diesem Thema POHLEN). Mit dieser Interpretation büßt das Modell weiterhin an Verbindlichkeit ein.

— Ein weiterer Erfahrungsbereich, der Zweifel an der Universalität des klassischen Trainerproblems aufkommen ließ, war der der Zusammenarbeit mit ausländischen — insbesondere skandinavischen — Trainern, die in einer weniger abstinenten und distanzierten, dafür lockereren und „unverbindlicheren" Form des Trainierens die Frage der Autorität wenig relevant werden lassen. Es stellte sich also die Frage, inwieweit damit ein nationalspezifisches Problemfeld berührt ist.

Diese, mit der eigenen Trainerideologie dissonanten Erfahrungen dienten als Anlaß für eine kritische Überprüfung möglicher Motive für die allzu gern geteilte Auffassung, daß der Trainer in seiner Rolle *das* zentrale Problem für die Gruppe darstelle. — Vier komplexe Bereiche auf unterschiedlichem Niveau zeigten Ansätze einer noch weiter zu betreibenden Analyse.

2.1 Historische Gesichtspunkte

Zwei historisch und wissenssoziologisch bedeutsame Fakten könnten eine Rolle spielen: LEWIN entdeckte nach seiner Emigration aus Deutschland in den USA die Vorteile demokratisch geführter Gruppen; in der Folge dieser Untersuchungen wurde die Trainingsmethode geboren und entwickelt. Eine epochale Parallele wäre zu ADORNO zu ziehen, der nach einem ähnlichen Schicksal ebenfalls in den USA sein Konzept der autoritären Persönlichkeit entwickelte.

Es kann nicht ausgeschlossen werden, daß solche epochal bedingten Konzeptionen eine gewisse Autonomie entwickeln und sich über Gebühr erhalten.

In diesem Zusammenhang ist noch zu beachten: Vor wenigen Jahren wurde die Gruppendynamik relativ unkritisch als eine Methode aus den USA importiert. Dabei wurde weitgehend übersehen, daß sie mehr ist als nur eine Methode: Sie trägt die Implikationen einer Ideologie, die auf die Bedürfnisse der amerikanischen Mittelschicht zugeschnitten ist. Eine grundsätzliche Reflexion auf die vielleicht anderen Bedürfnisse und Notwendigkeiten der im deutschen Raum angesprochenen Gruppen steht noch aus — vielleicht auch deshalb, weil sie einen guten Teil der Methode in Frage stellen würde. Der häufige Vorwurf, Gruppendynamik diene der Harmonisierung und Verschleierung von Konflikten, ist im Hinblick auf diese Überlegungen vielleicht doch nicht so unberechtigt (vgl. u. a. HORN).

2.2 *Der Aspekt der Macht*

Die aufgeworfene Frage, ob der sogenannte Autoritätskonflikt nicht häufig eine Deckfunktion für eine zugrunde liegende Machtauseinandersetzung hat, wurde auffallend knapp behandelt (vgl. dazu unter 3). Es wurde lediglich angemerkt, daß — gerade in Gruppen mit ausländischen Trainern — häufig zu beobachten war, daß ein dem Autoritätsproblem analoger Konflikt sich an einem starken, sich exponierenden und Führungsansprüche anmeldenden Gruppenmitglied entzündet und mit dieser Person ausgetragen wird. Eine solche Dynamik, die sich in ihrer Funktion quasi stellvertretend für die Auseinandersetzung mit der Trainerautorität entwickelt, wurde übereinstimmend nicht als Autoritätsproblem bezeichnet.

Demnach wäre das Autoritätsproblem als *eine* Form der Machtauseinandersetzung zu betrachten, das dann zum Deckproblem wird, wenn Trainer diesen Zusammenhang nicht sehen wollen und vertreten, der Konflikt *müsse* an ihnen als Trainern ausgetragen werden.

2.3 *Der Aspekt der Distanz*

Schon LEWIN stellte in seinen Untersuchungen das unterschiedliche Distanzierungsbedürfnis von Deutschen und Amerikanern fest, und wenn schon einmal die Nomenklatur der Nationalstereotype angesprochen ist, dürfte das Bedürfnis nach Distanz eine Art nationales Spezifikum der Deutschen darstellen. Damit ist auch in unserer Gesellschaft eine erhöhte Tendenz anzunehmen, in Gruppen solche Rollen zu suchen, die eine Befriedigung von Distanzbedürfnissen versprechen. Diesen Bedürfnissen entspricht die klassische Trainerrolle optimal, die mit Hilfe persönlicher Distanzierung und Abstinenz die Deutung der verweigernden Autorität nahelegt, auf die dann die Gruppe gegenabhängig reagiert. Der Diskussionsgruppe in Bad Boll lag sehr daran, die Distanzierung als ein verständliches und legitimes Bedürfnis darzustellen: Ein Trainer, der viele Trainings durchführt, muß Schutz- und Abwehrfunktionen gegen allzu starken persönlichen Einsatz und gegen allzu viel Engagement entwickeln. Denn bei einer geringeren

Distanz zur Gruppe und ihren Mitgliedern besteht die Gefahr, daß die eigene Persönlichkeit des Trainers, mit allen ihren Handicaps in sozialer Wahrnehmung, Kommunikations- und Kooperationsfähigkeit, Frustrationstoleranz etc. voll in den feedback-Prozeß hineingenommen wird. Damit wird der Trainer aber nicht mehr in seiner Rolle attackiert, sondern in seiner Person. — Verständnisvolles und halb schuldbewußtes Kopfnicken in der Diskussionsrunde bestätigte diese Vermutung: Eine Attacke auf die Trainerrolle ist bedeutend leichter zu ertragen als eine Attacke auf den Menschen, der sich vielleicht (allzu gern?) hinter dieser Rolle verbirgt.

2.4 Der Aspekt des Narzißmus

„Ein Trainer ist derjenige, ohne den eine Gruppe nicht auskommen darf." Ob diese Rollenerwartung, die wahrscheinlich nicht nur bei den Teilnehmern eines Laboratoriums eine Rolle spielt, den Trainer zu seiner Tätigkeit disponiert, oder ob sie im Verlauf der Tätigkeit gelernt wurde, sei dahingestellt. Auf jeden Fall ist die Technik, eine Gruppe zu „ihrem" Autoritätsproblem zu führen, narzißtischen Bedürfnissen des Trainers zumindest dienlich. Das Verhalten einer Gruppe, die ohne „ihren" Trainer auskommen will, bedeutet für diesen eine schwere narzißtische Kränkung. Er wird unter Umständen alles daran setzen, der Gruppe zu beweisen, daß es ohne ihn doch nicht geht, und daß dieses Verhalten nichts als agierte Gegenabhängigkeit darstellt. Durch seine technische und organisatorische Macht kann er es dann auch ohne weiteres schaffen, der Gruppe im Sinne einer self fulfilling prophecy zu demonstrieren, daß sie ohne ihn nicht funktionieren kann. Sie muß also dem Bedürfnis des Trainers nachkommen — quod erat demonstrandum.

Ob die Lösung des Autoritätsproblems ein autonomes Problem von Gruppen ist, oder inwieweit sie nicht vielmehr zeigt, daß ein einzelner Überlegener einer Gruppe seine Bedürfnisse aufoktroyiert — diese Frage müßte ganz besonders einer genaueren Analyse unterzogen werden.

*3. Weiterführende Überlegungen**

Die bisherigen Überlegungen, die auf einer subjektiven Sicht des Bad-Boll-Gespräches beruhen, bezogen sich auf die bis dato in Deutschland „klassische" Form des Sensitivity-Trainings mit dem Akzent auf „personal growth" (sensu DÄUMLING). Für die sich seither entwickelnde Form von Trainings, „offene" oder Organisationstrainings — leider mißverständlich auch mit dem Oberbegriff „gruppen-

* Für Anregungen zu diesem Teil danke ich meiner Frau.

dynamische Laboratorien" (GDL) bezeichnet —, stellen sich die oben angedeuteten Probleme aus einer anderen Perspektive. So hat sich vor allem gezeigt, daß eine Diskussion der Machtproblematik in dieser Form des Trainings weniger gut umgangen werden kann, als das in Bad Boll noch möglich war.

Zugespitzt kann ein solches Laboratorium wie folgt charakterisiert werden: Personal growth spielt — zumindest während der Laboratorien — eine untergeordnete Rolle; das Ziel ist vielmehr, den Teilnehmern das Nicht-Funktionieren von solchen Sozialgebilden zu demonstrieren, die nicht in herkömmlicher Weise autoritär strukturiert sind.

Es wird gar nicht erst versucht, den Teilnehmern Autonomie- oder Mitbestimmungsmöglichkeiten vorzugaukeln; sie werden vielmehr in einer möglichst offenen Situation mit ihren realen — das heißt stets unzulänglichen — Möglichkeiten konfrontiert. An der Oberfläche bieten die Trainer eine Entkleidung von Macht und Autorität an, sogar in weiterem Maße, als das im Sensitivity-Training geschieht. Der staff zieht sich auf eine rein interpretative, konfrontierende und verunsichernde Funktion zurück. Diese Form eines Laboratoriums ist sicher für alle Beteiligten anstrengender und frustrierender, aber was will sie darüber hinaus?

Versteht man die Anwendung gruppendynamischer Gesetzmäßigkeiten in Trainings oder Laboratorien als einen — und darüber sind sich wohl fast alle einig — Lernprozeß, dann wird man nicht daran vorbeikommen, sich Gedanken über die Art des dort stattfindenden Lernens zu machen. Diese Überlegungen stehen noch aus. Zumindest in Deutschland wurde bisher die Frage des Lernbegriffes, der den Trainings zugrunde liegt, weitgehend aus der Reflexion ausgeklammert. Ohne an dieser Stelle in eine differenzierte Erörterung der verschiedenen Lernvorstellungen bzw. Lerntheorien einzusteigen, sei hier ein Punkt betont: Mir ist kein lernpsychologischer Ansatz bekannt, in dem behauptet wird, das Auftreten sozial erwünschter Verhaltensweisen werde durch eine Situation permanenter Frustration gefördert. Dennoch scheint eine solche Vorstellung maßgebend für die Gestaltung gruppendynamischer Laboratorien zu sein (vgl. dazu Argyris und Schneider).

Die Frage, was diese Laboratoriumsform will, kann auf der Ebene von Bad Boll folgendermaßen formuliert werden: Welche latenten Motive oder Motivbündel können bei den Veranstaltern dahinterstehen,

— wenn in solchen Laboratorien zum Beispiel (meist in Plenarsituationen) entgegen aller Lernpsychologie jede Form positiver Bekräftigung von neuen Verhaltensweisen (z. B. durch Strukturierungshilfen) verweigert wird mit der rationalen Begründung, das fördere nur die „unreife Abhängigkeit" der Teilnehmer, weshalb solche Belohnungen inkonsequent seien — was in einem Laboratorium zu dem Slogan führte: „Jeder ist sich selbst der Blödeste"?

— wenn das Trainerteam — in oft lustvoll erscheinender Weise — jegliche Kooperation verweigert und dadurch einen so hohen Mißtrauenspegel bewirkt, daß in einem anderen Laboratorium zum Beispiel die Teilnehmer nur noch schriftlich bzw. mit Tonbandkontrolle mit dem Team verhandelten?

— wenn das Trainerteam nur per Interpretation mit den Teilnehmern kommuniziert (oder selbst diese verweigert) und sich durch orakelhaftes Verhalten oder konstantes Verhindern von Strukturierungsprozessen doch wieder ständig in den Mittelpunkt rückt?

— wenn der Führungswechsel in einer Organisation von Trainern einen rapiden Stilwechsel mit sich bringt? — Was kann das über Machtverhältnisse und Führungsansprüche innerhalb dieser Organisation aussagen?

Schließlich ist, immer im Hinblick auf Bad Boll, zu fragen, ob in solchen — offenbar verbissenen und hoch neurotisierten — Situationen auch noch für „erfahrene" Trainer zu klären ist, wer nun eigentlich wessen Probleme agiert — die Teilnehmer die der Trainer oder umgekehrt. Wobei für den Außenstehenden transparent sein dürfte, daß die durch ihren Organisationsvorsprung mächtigeren Trainer wohl die stärkeren Einflußmöglichkeiten haben und somit das Agieren der Teilnehmer eher latenten Bedürfnissen und Erwartungen der Trainer entspricht (vgl. 2.4).

Solche und andere Fragen sind gestellt worden und werden auch weiterhin von Laboratoriumsteilnehmern gestellt werden. Man kann sie verstehen als persönliche Reaktionen von Teilnehmern, die nicht anders mit ihren Frustrationen und Aggressionen umgehen können; man kann sie aber auch als Anstöße zur kritischen Selbstreflexion benützen. Um letzteres zu ermöglichen, erscheint u. a. die Entwicklung von Kontrollverfahren notwendig, die Bedarf, Motivation und Funktion aller an solchen Großgruppenprozessen beteiligten Parteien zu analysieren und alle im gruppendynamischen Feld wirksamen Kräfte zu erfassen in der Lage sind.

Die Arbeit mit Kleingruppen und die Analyse ihrer Dynamik ist ein vertrautes Feld — mehr als zwanzig Jahre Erfahrungen und Forschungstätigkeit haben es ermöglicht, dynamische Prozesse und Strukturen von Kleingruppen zu analysieren, Autoritäts- und Machtansprüche zu diagnostizieren und zu bearbeiten, wie unter anderem die Bad-Boll-Diskussion beweist.

Die Arbeit mit Großgruppen, die sich an der Grenze zwischen Sozialpsychologie und Soziologie entlangtastet, ist in manchen Punkten realitätsgerechter, aber auch schwieriger. Für diese Arbeit fehlen bisher jedoch geeignete Analyseninstrumente; solange diese fehlen, ist es auch schwieriger, latente Bedürfnisse der Veranstalter bloßzulegen.

Vorläufig bietet m. E. die Arbeit mit Großgruppen den durch „überlegene Organisationsfähigkeit Privilegisierten" (POPITZ) die Chance, die eigene Motivationsstruktur unzugänglich zu halten, sie im Sinne des JOHARI-Windows in den Feldern C und D festzuhalten. Es erscheint jedoch wenig glaubhaft, daß Bedürfnisse nach Macht, Autorität, Distanz, Narzißmus u. a. in Großgruppenprozessen keine Rolle mehr spielen. Folglich kann vorläufig noch nicht ausgeschlossen werden, daß diese Form des Trainings eine Methode ist, in der sich die Partei der durch Organisationsvorsprung Privilegierten auf ihre Überlegenheit zurückzieht und Arrangements bereitstellt, mit denen jede Kritik und jedes sachliche Bedürfnis von Teilnehmern unterlaufen werden kann, indem sie als Unreife oder Abwehr interpretiert werden.

Zusammenfassung

Ausgehend von einem Gespräch unter Trainern, in dem das BIONsche Phasenmodell einer Erfahrungskritik unterzogen und latente Motive bei Veranstaltern gruppendynamischer Laboratorien diagnostiziert wurden, werden die Trainingsideologien über Macht und Autorität einer selbstkritischen Analyse zugänglich gemacht.

Diese, für den Rahmen des Sensitivity-Trainings anerkannten Motive werden konfrontiert mit der neueren Entwicklung gruppendynamischer Laboratorien in Deutschland; es wird die Frage gestellt, wie in diesen großgruppenzentrierten Trainings die Trainer mit ihren latenten Motiven umgehen; es wird die Forderung der Entwicklung von analytischen Instrumenten aufgestellt.

Literatur

ARGYRIS, C.: Die Zukunft des gruppendynamischen Laboratoriums. Gruppendynamik 1: 21–40 (1970). – BENNIS, W. G., SHEPPARD, M. A.: A theory of group development. Human Relations 9: 415–437 (1956). – BION, W. R.: Experiences in groups and others papers. Tavistock/London 1961. – DÄUMLING, A. M.: Sensitivity Training. Gruppenpsychotherapie und Gruppendynamik 2: 113–123 (1968). – DERS.: Die Herausforderung des Sensitivitäts- Trainings. Gruppenpsychotherapie und Gruppendynamik 4: 1–16 (1970). – ENKE, H.: Regressive Tendenzen des Patienten im Krankenhaus. Praxis der Psychotherapie 15: 210–220 (1970). – HARTMANN, H.: Ich – Psychologie und Anpassungsproblem. Sonderdruck Psyche XIV (1960). – HORN, K.: Politische und methodische Aspekte gruppendynamischer Verfahren. Das Argument 50:

1: 261– 283 (1969). – LEWIN, K.: Die Lösung sozialer Konflikte. Bad Nauheim 1953. – MARROW, A. J.: Aus der Vorgeschichte der National Training Laboratories. Gruppendynamik 1: 45–49 (1970). – POHLEN, M.: Die Abhängigkeitsthematik in der Revolte der Studenten. Psyche 10: 762–771 (1969). – POPITZ, H.: Prozesse der Machtbildung. Tübingen 1968. – SCHNEIDER, M.: Zur Reaktion auf den Artikel von Argyris. Gruppendynamik 1: 41–44 (1970). – THELEN, H. A.: In: BENNIS, W. C., BENNE, K. D., CHIN, R.: The planning of change. New York 1961.

AXEL SVENSSON

Bemerkungen zum Dependenz-Konzept und zu Interaktionsformen in Gruppen*

Der folgende Beitrag über das Dependenz-Konzept und Interaktionsformen in Gruppen enthält zunächst eine mehr theoretische Erörterung des Themas, sodann eine tabellarische Skizzierung des Konzepts, einige Beispiele und schließlich einen Vorschlag zum Selbstversuch in Form eines Ratings.

A. Das sozialpsychologische Umfeld des Dependenz-Konzepts

K. D. BENNE, L. P. BRADFORD und R. LIPPETT [3] trafen folgende Feststellung: „Das Drama der Sozialisation des Menschen verläuft im Idealfall von einem Zustand der Abhängigkeit hin zu Autonomie und Interdependenz" (S. 27). Damit ist eine Zielvorstellung angesprochen, die auch für die „kulturelle Insel" Trainingsgruppe Bedeutung hat, da dort in verkleinertem Maßstab und starker zeitlicher Straffung Prozesse ablaufen, die denen der Gesellschaftsbildung und der Sozialisation in mancher Hinsicht gemeinsam sind, oder die ein Stück post-adoleszente Sozialisation (HORN [12]) darstellen.

Im sozialpsychologisch-soziologischen Sinn ist „Dependenz" bzw. „Interdependenz" ein wichtiger Bestandteil der Theorie K. LEWINS [14] und meint so etwas wie korrelative Abhängigkeit bei gewisser Kausalitätsbindung bzw. Wechselwirkung im sozialen Feld, was LEWIN auch mathematisch formulierte.

Bei LEWIN heißt es: „Die Art der Interdependenz der Glieder (das, was die Gruppe zusammenhält) ist als Eigenschaft der Gruppe genauso wichtig wie der Grad ihrer wechselseitigen Abhängigkeit und die Struktur der Gruppe" ([14], S. 184).

Als mögliche „Träger" der Interdependenz in einer Gruppe nennt er dann „Zugehörigkeitsgefühl", „Loyalität", „ökonomische Abhängigkeit", „Liebe", „räumliche Nachbarschaft". Für BENNIS [7] spielen sich die Dependenz-Phänomene einerseits auf dem Hintergrund der Macht

* Aus dem Psychologischen Institut der Universität Bonn (Dir.: Prof. Dr. A. M. DÄUMLING). Fundort s. S. 144.

(z. B. das bei Autoritäten Schutz suchende dependente Gruppenmitglied), zum andern der Emotion ab (z. B. die vor engen persönlichen Beziehungen fliehenden „counterpersonals").

LEWIN betont geradezu, daß in einer guten Gruppe eine Anzahl von Mitgliedern vorhanden ist, die im Sozialverhalten Unterschiede aufweisen und unterschiedliche Funktionen innerhalb des Ganzen haben. Er stellt weiter fest: „Nicht die Ähnlichkeit, sondern eine gewisse Interdependenz ihrer Glieder konstituiert eine Gruppe" ([14], S. 184). Übrigens hatte vor ihm schon der italienische Volkswirt und Soziologe PARETO darauf hingewiesen, daß sich im sozialen Geschehen öfter Interdependenz-Verhältnisse auffinden lassen als einseitige Ursache-Wirkung-Zusammenhänge.

LEWIN hat seine Auffassung von „Dependenz" bzw. seine am physikalischen Feldbegriff orientierte sozialwissenschaftliche Theorie nicht mehr selbst auf Trainingslaboratorien anwenden können; es läßt sich aber vielleicht schon hier nach dieser kurzen Wiedergabe seiner Gedanken ableiten, daß das Bemühen, die Relationen zwischen den Gruppenmitgliedern, ihren Rollen, emotionalen Zuständen usw. zu analysieren, kein entlegener, der gruppendynamischen „Philosophie" zuzuordnender Brauch ist. Kleinste Einheit dieser „Reziprozität als Steuerung des Verhaltens vom Verhalten der anderen her" (GEHLEN) scheint, ob man es gruppendynamisch oder kybernetisch versteht, das feedback zu sein, jene Rückkopplung eigenen Sozialverhaltens durch andere.

B. Die Auffassung der Dependenz-Phänomene in gruppendynamischen Theorien

Während Dependenz/Interdependenz bei LEWIN vorwiegend Strukturbegriffe sind, gehen die gruppendynamischen Theorien in erster Linie von dem Prozeß der Gruppenentwicklung aus und verwenden dem Dependenz-Konzept zuzurechnende Begriffe zur Beschreibung dieser Vorgänge. So kennzeichnet der britische Psychiater W. R. BION [6] die Gruppe übersummativ als eine „Kultur" mit spezifischem Charakter, der „group mentality", deren interne Entwicklung über folgende emotionale Zustandsbilder verläuft: Dependenz —
Flucht und Kampf —
Paarbildung.

Die Ideen BIONS wurden von H. A. THELEN [19] zur leichteren Handhabung in der praktischen Gruppenbeobachtung formalisiert. Er fügte als eine vierte Kategorie noch „Arbeit" hinzu für Äußerungen des Verlangens, sachlich zu diskutieren oder Probleme zu lösen.

Beispiele:	(BION/THELEN)
Dependenz:	„Warum benennen wir keinen Sprecher?" „Ich weiß nicht — wie ist es richtig?" „Ist das in anderen Gruppen auch so?"
Flucht:	Schweigen „Ich schlage Kaffeetrinken vor." Spannungslösende Scherze, Überintellektualisierungen.
Kampf:	„Geht es nun weiter? Wir haben genug Zeit verloren!" „Sie fühlen sich als eine ganz durchschnittliche Person, nicht wahr?" „Ich melde mich freiwillig als Sündenbock!"
Paarbildung:	„Ich fühlte mich viel besser, als du das sagtest." „Wir haben wohl die Idee von Hans übergangen." „Seit den ersten Tagen haben wir gute Fortschritte gemacht."

Ebenso wie bei BION wird „Dependenz" auch von BENNIS und SHEPPARD [7] als *Gruppen*phänomen gesehen, dann aber auch verwendet, um die „Dependenz"-Phase der Entwicklung eines Individuums in einer Gruppe zu beschreiben. Die Gruppenentwicklung, hier wieder nur ganz kurz skizziert, sieht im idealtypischen Fall so aus:

I. Dependenz
bzw. Verteilung und Handhabung der Macht in der Gruppe

1. Abhängigkeit — Unterwerfung
Aus mannigfachen Unsicherheiten entstehende Angst durch das Gefühl des Akzeptiert-Werdens (besonders durch Trainer) gemildert, Flucht-Themen (Politik, Wetter) behandelt

2. Gegenabhängigkeit
Offene Behandlung der Machtfrage, Bezugsperson meist Trainer, Dominanz-Streben von Untergruppen oder einzelnen Mitgliedern, Kampf

3. Lösung
Solidarität der Gruppe wächst, Trainer werden „Sachautorität", Macht- und Führungsverteilung.
Entscheidenden Anteil an dieser integrativen Entwicklung haben einzelne *independente*, weder rebellische noch permissive Gruppenmitglieder.

II. Interdependenz
bzw. die Verteilung von Zuneigung und Ablehnung

4. Bezauberung — Flucht
„universelle Harmonie"; Gegenstimmen, welche die Scheinharmonien aufdecken, Arbeitsunfähigkeit der Gruppe

5. Ernüchterung — Kampf
Mißtrauen; Subgruppen: Aufgaben in der „Gruppe" versus Furcht vor Intimität.

6. Übereinstimmende Bewertung
Lösung des Interdependenz-Problems, Erkennen und Verarbeiten von individuellen Unterschieden. Anstoß dazu durch *Independente* (wie in 3), deren Selbstbild durch mehr oder weniger Intimität nicht gefährdet ist.

Die Prozesse zur Machtverteilung und die Bestimmung von Intimitätsgrenzen in Gruppen verlaufen nur selten so, wie eben angedeutet; wenn überhaupt eine Phasenabfolge wie die beschriebene sichtbar wird, sind besonders die Phasen 3 und 6 kritisch. Ist der Prozeßablauf gestört, so leidet nach BENNIS insbesondere die Kommunikation, das wirkliche Miteinander-Sprechen. Diese Beziehungsstiftung macht den *relationalen* Aspekt seiner Theorie der Gruppenentwicklung deutlich, der natürlich nicht zu trennen ist von den vermittelten Inhalten.

Allerdings ist bei BENNIS von „Relation" nicht im strukturellen, LEWINschen Sinne die Rede, und so darf auch die Bezeichnung „Interdependenz" nicht verstanden werden: Kennzeichen der beiden Hauptphasen sind vielmehr die Macht- bzw. die Emotions-Thematik; demgegenüber geben Dependenz und Interdependenz die *Tendenz* der Gruppenfortentwicklung an, die in Kurzformel so verläuft:

Dependenz — Gegenabhängigkeit — Independenz — Interdependenz.

Zielvorstellung — nach Struktur und Bewertung — bei den meisten über Dependenzphänomene schreibenden Autoren ist denn auch *„Interdependenz"* in irgendeiner Form. Das wird dort besonders deutlich, wo der Akzent auf Persönlichkeitsmodifikation liegt, z. B. in Richtung auf eine größere Differenzierung der Persönlichkeit bei gleichzeitiger Integration der einzelnen Bereiche. Hierfür sind nach BENNIS, SCHEIN, STEELE und BERLEW [4] interdependente personale Beziehungen ein optimales Trainingsziel, sozusagen Endziel in erster Näherung. Die von ihnen als Haupttechnik vorgestellte Methode des *„scanning"* muß im Rahmen dieser Arbeit kurz diskutiert werden.

Scanning besteht in einem „Abtasten" der in einer Gruppe zu einem bestimmten Zeitpunkt enthaltenen Informationen, vorwiegend derjenigen, die einen selbst betreffen, aber auch der anderen. Das wäre dem Vorgang vergleichbar, mit dem z. B. ein Gruppenphoto elektronenoptisch abgetastet wird oder wie ein Pokerspieler sich bemüht, ständig die Situation abzuschätzen.

Selbstverständlich haben BENNIS et al. wesentlich komplexere Informationen im Auge als etwa nur die Konstellation von Spielkarten oder Gewinn- und Verlustmöglichkeiten gemessen in Streichhölzer- oder Währungseinheiten. Jedoch vermittelt das von ihnen gemeinte vielschichtige, sachbezogene, nicht primär personorientierte Informationssammeln keine Aussage über eine Rückmeldung an den Informationsgeber und die aus dieser Wechselwirkung möglich werdenden Korrektur- und Adaptationsprozesse.

Das gilt auch für zwei andere Arrangements zur Persönlichkeitsmodifikation, die mit „defensive identification" und „positive identification" gekennzeichnet werden. In beiden Fällen liegt — wieder in

„Einbahn=Richtung“ — ein personzentrierter Bezug vor, und zwar im Falle der

— *defensiven Identifikation:* zu einem „Modell“, das als kaptativ, mächtig, Verhaltensrepertoire einengend erlebt wird.
  Hauptvehikel: Status und Macht der Bezugsperson; Modifikationsprozeß: via Imitation.

— *positiven Identifikation:* zu einem freiwillig übernommenen, Entfaltungsraum und relative Autonomie gewährenden „Modell“, das nach Maßgabe seiner selbst verhaltensdifferenzierende, persönlichkeitsanreichernde Modifikationen ermöglicht.
  Hauptvehikel: Als differenziert und „reich“ wahrgenommene Bezugsperson.
  Modifikationsprozeß: via Assimilation.

Zusammenfassend kann gesagt werden, daß mit „scanning“ wie auch mit „defensive identification“ und „positive identification“ ein Konzept angeboten wird, das eher individuumszentriert als gruppen= bzw. interaktionsbezogen ist. „Positive Identifikation“ als eine positive, den Freiheitsaspekt betonende duale Beziehung hat eine gewisse Ähnlichkeit mit „Dependenz“ im engeren Sinne (*Person*abhängigkeit), und „defensive Identifikation“ ähnelt etwa der Gegenabhängigkeit (Bennis), aber scanning ist nicht Interdependenz, weil ein sternförmiges und kein integriertes Kommunikationsmuster vorliegt (vgl. die Skizzen S. 16 ff.); scanning ähnelt eher der balancierten Informationsnahme des „Independenten“ und ist somit genetisch eine Vorstufe der Interdependenz in einer Gruppe.

C. Führung und Dependenz

Vom relational verstandenen Dependenzkonzept her eröffnet sich ein neuer Zugang zu den „Führungsstilen“ und dem Erkennen und Erlernen von Führungsverhalten in einigen Aspekten. Autokratische und demokratische Führung sowie Führung durch die Gruppe selbst sollen kurz diskutiert werden.

Wenn man die soziometrische Struktur einer autokratisch geführten Gruppe betrachtet,

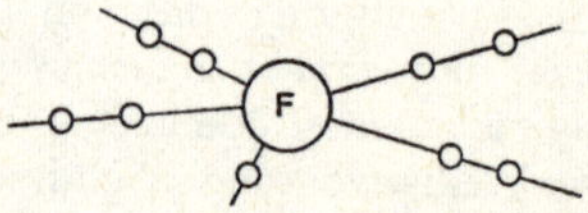

bei der der Führer eine zentrale Position innehat, ergibt sich für die Mitglieder dieser Gruppe in bezug auf den Kommunikationsverlauf, auf die Verteilung von Lob und Tadel, auf emotionale Zuwendung usw.

im wesentlichen eine dependente oder gegenabhängige Position. Dies wieder bedeutet soziale Distanz bzw. macht den besonderen Status des Gruppenführers aus, zu guten Teilen auch das, was man „Autorität" genannt hat. Je stärker eine bei dieser Gruppenstruktur besonders naheliegende Identifikation mit dem Führer wird, um so mehr können die Variabilität des Verhaltens und Denkens der Gruppenmitglieder und Ausmaß und Vielfalt ihrer gegenseitigen sozialen Beziehungen abnehmen.

Für Statusgewinn und die damit verbundenen eventuell angenehmen Gefühle ist der Führer zwar auf seine Gruppe angewiesen; zum andern aber — da er es ist, der plant, die Arbeitsmethoden bestimmt, auf Unterstützung und Beratung verzichtet und sich emotional zum guten Teil selbst genügt (Aufzählung nach KRECH und CRUTCHFIELD [13], S. 106, für die Rollendisposition „independent") und meist von sich aus Beziehungen zu den Gruppenmitgliedern aufnimmt oder abbricht — sind für ihn Momente der Independenz im Sinne des Dependenz-Konzepts sichtbar.

Kann somit dem autokratischen Führer sowohl Dependenz- als auch Independenz-Haltung, dem autokratisch Geführten bzw. nach solcher Führung Verlangenden überwiegend Dependenz zugeschrieben werden, so tritt als weiteres Kennzeichen hinzu, daß „Führung" und „Gruppe" sich hauptsächlich in Zweierbeziehungen abspielt: Es „bestehen getrennte Teilgruppen, die jeweils den Leiter und ein Gruppenmitglied enthalten. Deshalb bleibt bei den Gruppenmitgliedern keine starke Bindung, wenn der Führer fortgenommen wird" (LEWIN [14]).

Hier liegt auch ein ganz wesentlicher Unterschied zu den demokratisch geführten Gruppen und erst recht zu Gruppen, die sich selbst führen. Dort gibt es verschiedene, variierende Untergruppen bzw. eine einzige integrierte Gruppe, ein Team, und es besteht nicht mehr „Einbahn-Kommunikation", sondern ein mehrseitiges, gruppenintegrierendes Beziehungsgesetz:

demokratisch geführte Gruppe:

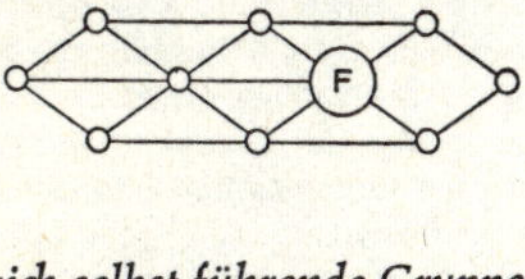

sich selbst führende Gruppe:

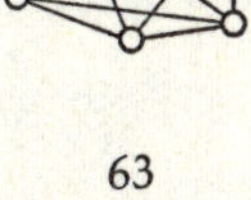

Bei der sich selbst führenden Gruppe ist der Zustand der *Interdependenz* erreicht; er mag sich auf sachliche, emotionale, Macht= und andere Bezüge erstrecken und impliziert zugleich — stärker noch als bei der demokratischen Gruppe — einen Abbau von Statusunterschieden. Sicherlich ist eine derartige Gruppe eine Utopie, und BALES schreibt noch 1970: „No self=analytic group so far has shown a completely integrated network of all members" [2]; (gemessen durch die Interpersonal Ratings A). Es sei jedoch darauf hingewiesen, daß die sich selbst führende Gruppe, eine Gruppe in Interdependenz=Relation, sich nur graduell von der demokratischen Gruppe unterscheidet und nicht etwa die totale Egalität der Gruppenmitglieder voraussetzt, sondern unter Überwindung eines illusorischen Gruppenkonsenses die realen individuellen Verschiedenheiten erkennt, akzeptiert und integriert.

Ein Trivial=Beispiel für integrierende Wahrnehmung der Gruppenmitglieder mit anschließendem feedback: Pokern, wo allerdings Konkurrenz= und nicht Kooperationsbedingungen gelten.

Das Führungsgeschehen in solchen Teams ließe sich möglicherweise mit dem Terminus *„rotierende Führungsfunktionen"* beschreiben.

Führungsfunktionen und andere Funktionen und Positionen sind in sich selbst führenden Gruppen natürlich nicht vordefiniert, sondern sie entstehen und verteilen sich in der Interaktion; d. h. als *Voraussetzung:*

– Die Gruppe hat im Unterschied zu bestimmten Arbeitsgruppen, militärischen Verbänden usw. eine *prinzipiell offene Struktur.*
– Es herrscht, wie eben schon angedeutet, eine zunächst *individuelle Motivation zur Kooperation.* (Für das Konstrukt „Interdependenz" gilt das nicht notwendig — siehe „Pokern"; exakt wäre „kooperative Interdependenz" o. ä.).
– De facto *offener Informationsfluß.* Gegenbeispiel: Pokern, Biertisch=Zweierbeziehungen außerhalb des Lab=Stundenplans, konkurrierende Konzerne.
– Als eine weitere Voraussetzung für das Zustandekommen von Interdependenz bzw. eines Teams wäre zu diskutieren: *Soziale Reversibilität* (TAUSCH [18]) der zwischen den einzelnen Gruppenmitgliedern stattfindenen Verhaltens= und sprachlichen Äußerungen. Damit wären Sender und Empfänger von z. B. verbalen Kommunikationen vertauschbar.

Dies ist natürlich auch in T=Gruppen bei weitem nicht immer der Fall, würde aber bedeuten, daß z. B. der Satz: „Irgendwie haben Sie eine dominierende Art, Sie sorgen hier für die Normen" im Originaltonfall von jedem zu jedem gesprochen werden könnte (allerdings würden Trainer diesen Satz wegen der darin enthaltenen Anrede eines Individuums anstatt der Gruppe u. U. meiden). Kaum aber sprechen so Menschen in hierarchischen Organisationen in der Unten=Oben=Richtung, also zum Chef, zum Statushöheren usw.
Die von TAUSCH benutzten Kriterien für „Reversibilität", ob „Höflichkeit, Takt und Achtung" [18] es möglich erscheinen lassen oder nicht, eine Kommunikation in inhaltlich und formal gleicher Weise an den Anredenden zurückzugeben, entstammen dem Bereich der Erziehungspsychologie, speziell der Schulklasse (Lehrer-Schüler) und werden im Sensitivity=Training nicht in gleicher Weise anwendbar sein.

Ein Beispiel aus TAUSCH ([18], S. 147):

sozial-reversible Lehrer-Äußerung:

„Viele von uns haben es schlecht verstehen können."

nicht reversible Lehrer-Äußerung:

„Redet nicht so leise!
Überlaßt das Leise-Sprechen mir!"

Besonders für Trainingszwecke ist ferner anzumerken, daß soziale Reversibilität nicht nur durch formalsprachliche Modifikationen (Einfügen von „bitte") erzielbar ist.

Ob in sich selbst führenden, interdependenten Gruppen nach Erfüllung der oben genannten Voraussetzungen, die sicher noch ergänzt werden müssen, etwas wie *Autorität* auffindbar ist, erscheint fraglich. Vielleicht ist aber eine dialektische Beziehung zwischen Orientierung zur Gruppe hin und irgendeiner Form individueller Prominenz denkbar.

D. Ist der Begriff „Führungs-Stil" genügend aussagekräftig?

Mit dem von LEWIN und anderen [16] stammenden Konzept der Führungsstile ist nun etwa 30 Jahre lang viel gearbeitet worden, und die Entwicklung hat sich in den letzten Jahren dahin verlagert, das Phänomen „Führung" mehr und mehr in der Gruppe selbst zu suchen und im Bezug zur jeweiligen Situation bzw. Aufgabe zu relativieren und schließlich in Funktionen aufzulösen (LIPPITT [17]). Für eine Gruppe, die sich selbst führt, kann man zwar durch den Terminus „Rotierende Führung" den Geltungsbereich des ursprünglichen Konzepts auszudehnen suchen — praktikabler und theoretisch weitergehend scheint es aber zu sein, von *Interaktions*-Stilen zu sprechen: Die LEWINschen Führungs-Stile „autoritär" und „demokratisch" sowie „laissez-faire" (eigentlich kein *Führungs*stil) lassen sich als Interaktionsstile bezeichnen, und man gewinnt noch die Unterscheidung „aggressiv autoritär" vs „submissiv autoritär" hinzu. Einschließlich des Verhaltensstils eines Teams stehen dann folgende Begriffe zur Beschreibung von Individual- und Gruppen-Interaktion zur Verfügung:

„aggressiv autoritär":
: Ich-zentriertes Vorgehen; Tendenz, zu dominieren, andere zu beeinflussen, Lob und Tadel zu verteilen; keine Diskussion von Gründen oder Alternativen

„submissiv autoritär":
: Ortientierung mehr an Statuspersonen oder Experten als an der Sache; „autoritätsgläubig", kaum eigenständig in Urteilsbildung und Handeln

„demokratisch kooperativ":
: Ermöglicht allgemeine Beteiligung am Gruppengeschehen; Kooperation; Tendenz, Verantwortung zu delegieren; nicht ständig in betonter Führungsposition; Eingehen auf Äußerungen anderer; auch unaufgefordert eigene Stellungnahme

„laissez-faire":
: Kein Bezug zur Gruppe; unabhängig; kaum Einflußnahme auf andere oder Ein-

gehen auf deren Äußerungen; unaufgefordert keine Stellungnahmen; keine Verantwortlichkeit erkennbar

„Führung durch die Gruppe selbst – Team":

Diese Interaktionsform geht über den demokratischen Führungsstil noch hinaus und versteht Führung als Funktion der Gruppe selbst; Wahrnehmung individueller Verschiedenheiten, doch Vermeiden von Scheinkonformität; reale Mitarbeit und Mitentscheidung durch jeden Einzelnen; Verteilung von Führungsfunktionen auf alle Gruppenmitglieder, Idealfall: Rotation; emotionale und sachliche Wechselwirkung mit und zwischen allen Gruppenteilnehmern.

Ferner ließen sich die Überlegungen von TAUSCH mit einbeziehen, indem man den autokratischen (nicht reversibel) vom sozialintegrativen (reversibel) Interaktions-Stil voneinander unterscheidet.

„Führungs-Stile" würden dann zum Spezialfall der Interaktions-Stile, ein Sprachgebrauch, der z. B. beim Training von Teamverhalten angenehm sein könnte: hier dürfte der etwas kopflastige Begriff „Führung" — zumal in den frühen Stadien des Trainings — mehr schaden als nützen.

Durch die Verwendung des Begriffes „Interaktion", der so inhaltsreich ist wie der des „Verhaltens", nur eben Verhalten zwischen Personen — Sozialverhalten — meint, soll keineswegs ein Ausweichmanöver vor dem Problem „Führer" bzw. der von ihm vertretenen Machtkonzentration vollführt werden; vielmehr soll gerade auf Macht (power) bzw. auf Einflußstärke und insbesondere auch auf die selbst bei geringer Sensibilität wahrnehmbare Machtverteilung in Gruppen stärker eingegangen werden.

CARTWRIGHT [8] wirft der Sozialpsychologie vor, sie sei „soft on power" gewesen und habe mehr Interesse an autoritärer Einstellung als an Macht und Autorität gezeigt. Der Bezug zwischen Dependenz und Macht wurde dann von EMERSON [10] hergestellt, und zwar in einem relationalen Ansatz, der den von BENNIS ergänzen könnte, jedenfalls als Denkmöglichkeit. Beispielsweise schreibt EMERSON:

$$P\ ab = D\ ba$$

als Kurzform für: die Macht (P) der Person a über Person b entspricht der Dependenz (D) von b auf a. Umgekehrt gelte Entsprechendes.

In diese simple zweiseitige Relation werden dann noch weitere Größen eingeführt wie:

„Die Dependenz der Person a gegenüber b entspricht direkt der Stärke von a's motivationalem Engagement in Ziele, deren Erreichung b möglich erscheinen läßt, bzw. entspricht indirekt der Verfügbarkeit solcher Zielzugänge außerhalb der a—b—Relation" (Alternativen);

oder:

„Die Macht von a über b entspricht dem Ausmaß des Widerstands auf seiten b, den a überwinden kann".

Damit wäre dann neben Interaktions=Stil, Kommunikation, Status und Dependenz auch „Macht" als Eigentümlichkeit sozialer Beziehungen angesprochen, Begriffe, die theoretisch noch nicht genügend integriert worden sind; das Netzwerk derartiger multipler Relationen ist mit den gegenwärtigen diagnostischen Methoden auch nicht zu erfassen[1].

In jüngster Zeit (1970 [2]) gibt es ein Verfahren von BALES zur Soziodiagnostik, seine interpersonellen Ratings. Natürlich ist es sehr fraglich, ob es wünschenswert ist, ein Training mit einer Vielzahl von Meß=Verfahren zur Persönlichkeit und zum Sozialverhalten der jeweiligen T=Gruppe zu belasten. Das braucht aber ein Gruppenmitglied nicht zu entmutigen, sich subjektiv ein Bild zu machen über die Macht= und Emotionsverteilung in der Gruppe, die Eigenarten der Interaktion, über Status= und Führungspositionen, den jeweiligen Stand der Dependenz=Beziehungen sowie über mögliche Zusammenhänge dieser interpersonellen — weil nur im Bezug auf eine Gruppe voll bedeutsamen — Phänomene.

E. Zur Kennzeichnung der vier Dependenz=Formen

Für die Selbst= und Fremdbeobachtung in der aktuellen Gruppensituation ist es von Vorteil, daß sich *„Dependenz"* und die anderen Erscheinungsformen des Dependenz=Konzepts: *Gegenabhängigkeit*, das Ausmaß oder die Position persönlicher *Independenz* sowie — etwa bei einem gut funktionierenden Team oder einer anderen integrierten Gruppe — der Zustand einer allseitigen *Interdependenz* recht gut erkennen lassen (Beispielsätze S. 232 ff.).

- Wenn ein Gruppenmitglied sich im Ziel= und Wegevakuum der ersten T=Sitzung sehr häufig an den Trainer wendet
- oder schnell in enge emotionale Beziehungen flüchtet und sich in allen, auch rein sachlichen Fragen ganz an dem betreffenden Partner orientiert
- oder wenn jemand bei gelegentlichem Vortrag eigener Standpunkte oder Pläne nur in Anlehnung an andere Gruppenmitglieder oder Außenpersonen, z. B. Statusträger / Experten, aktionsfähig wird,

[1] Deshalb erscheint mir eine verstärkte Erforschung des Sozialverhaltens und anderer interpersoneller Wechselbezüge unter Einbeziehung der Methoden und Ergebnisse der Soziometrie, des nicht konsequent interpersonellen Ansatzes von BALES, der gerade uns Europäern „merkantil" vorkommenden „exchange theory" der sozialen Interaktion von THIBAUT, KELLEY und HOMANS, von LEWINS Feldtheorie und weiterer grundlegender Ansätze notwendig. Es muß nicht unbedingt ein „Maxi=Lab" durchgeführt werden, das alle Ansätze dieser Art experimentell verwirklicht. Vielleicht sind aber Beiträge aus diesen oder ähnlichen Gebieten geeignet für die sozialwissenschaftliche Aus= und Weiterbildung von gruppendynamischen Trainern, neben der von HEIGL [11] erwähnten klinisch=analytischen Zusatzausbildung für Nicht=Psychoanalytiker und Nicht=Kliniker.

ließe sich im Sinne des hier erläuterten Konzepts aussagen, dieses Gruppenmitglied zeige in der betreffenden T-Sitzung Anzeichen von *Dependenz;* wegen des ausschließlichen Personenbezuges in diesem Beispiel kann man auch von „Personabhängigkeit" sprechen.

In ähnlicher Weise, aber sozusagen unter umgekehrten Vorzeichen, können bei Gruppenmitgliedern Momente der *Gegenabhängigkeit* deutlich werden. In diesen Fällen wird gegen das, als was die Bezugsperson erlebt wird oder was sie im einzelnen tut, protestiert (z. B. Autoritätsprotest). Aber auch hier sind Bezugspersonen eine conditio sine qua non, nur die Abhängigkeit ist eine andere.

Eine Wertvorstellung sollte mit diesen beiden Formen der Person-Orientierung nicht verbunden sein. Agyris [1] etwa sieht Nachahmung und Abhängigkeit als ersten Schritt eines Lernvorgangs zur interpersonellen Reifung an und beschreibt, in welcher Weise sich die Teilnehmer diese Vorgänge bewußt machen und sie verarbeiten können (S. 32).

Dependenz, Gegenabhängigkeit, Independenz und Interdependenzbeziehungen brauchen aber nicht notwendig nur zwischen Personen zu bestehen. Es lassen sich auch Beziehungen einer Person zu Normen, Werten sowie zu bestimmten erfahrenen und bewährten Rollenstrukturen mit diesen Begriffen belegen, deren Allgemeinheitsgrund nunmehr erweitert sein möge. Wenn derartige personale oder nicht-personale Bezüge für ein Gruppenmitglied so dominant sind, daß sie sich für die Trainingsdauer oder länger als invariabel erweisen und gewissermaßen Monopolcharakter einnehmen, ist die Kommunikation der Gruppe vom Optimum meist weit entfernt; der Prozeß „Kommunikation" ist dann auf gewisse Kanäle eingeengt, und es wird kaum zum Aufbau einer gruppenspezifischen, wenn auch kurzlebigen „Kultur" mit eigenen Regeln, Werten und Produktionen bzw. zu verarbeiteten interdependenten Beziehungen in emotionalen, sachlichen und anderen Bereichen kommen können.

Aber auch der *Independente,* von fremdem Status, fremder Macht und fremden Gefühlen nicht einseitig Gesteuerte, ist nicht unbedingt ein konstruktives und integratives Mitglied, bringt aber der Gruppe wegen seiner relativen Handlungsfreiheit und Offenheit immer neue Impulse (vgl. S. 63); kommen nicht mindestens Sensitivität für Gruppenvorgänge und die Bereitschaft, auf andere einzugehen und zu kooperieren, hinzu, ist tendenziell z. B. folgende Entwicklung möglich: Individualist, isolierter Individualist (Bales [2]).

Bei der Nennung der sozialpsychologischen und speziell gruppendynamischen Aspekte des Dependenzkonzepts wurde *Interdependenz,* bei der der Gruppenbezug ganz im Vordergrund steht, bereits geschildert (S. 58 f., 60).

Die für die praktische Anwendung relevanten Merkmale aller vier Dependenz=Formen sind in den nun folgenden Übersichts=Skizzen dar=gestellt. Diese Skizzen stellen keine abgeschlossenen, operationalen Be=schreibungen dar, sondern sind ein empirisch nicht im Zusammenhang überprüftes Netz von Forschungsergebnissen und einzelnen psycholo=gischen Konstrukten, und sie haben den Charakter von Arbeitshypo=thesen.

Es schließen sich Beispielssätze zu dem in diesen Skizzen dargestellten Dependenz=Konzept an sowie ein Vorschlag zu einem Selbst=Versuch.

F. Übersichts=Skizzen

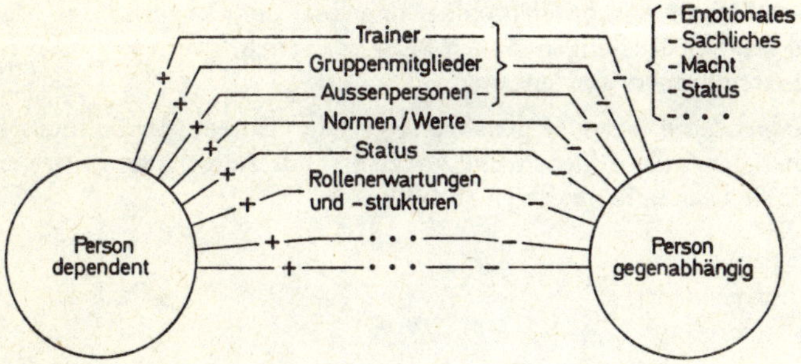

I. Dependent / Gegenabhängig:

Allgemeine Skizzierung:

Positive (+) bzw. negative (–) dominante Außenbeziehungen. (s. Skizze).

Selbstwertgefühl hauptsächlich von diesen Außenbeziehungen (Trainer, Normen / Werte usw.) abhängig, Tendenz zu Identifikation, Nach=ahmung.

„Streben nach Abhängigkeit" versus „Flucht vor Abhängigkeit" (K. Horney).

Dep.: Erbittet Unterstützung / Anweisung; erwartet Hilfe von be=stimmter Struktur / Vorgehensweise / Tradition; erwartet Hilfe von Autorität außerhalb der Gruppe; Betonung von Schwäche und Unvermögen (Thelen); unsicher u. störbar, aber auch ent=spannter Zustand nach Flucht von Position des „marginal man".

Gegenabh.: Entsprechend jeweils Ablehnung / Protest statt Akzeptie=ren/Suchen; „overpersonals" versus „counterpersonals" (Bennis). Kurzer „Spannungsbogen" (Künkel, Lewin).

Gegenabhängig=independent=interdependent (nach Bennis).

Kommunikation in der Gruppe:
Tendenz zu fremdzentrierter Kommunikation.
„Einbahn"-Kommunikation vom Typ des „oben-unten" v.v. Zweierbeziehungen.
„Unabhängigkeitsbedingung" für optimale Gruppenleistung (HOFSTÄTTER) verletzt durch den „Nachplapperer" (Dep.) bzw. den „Neinsager" (Gegenabh.).

Bezug zur Führung in der Gruppe:

Tendenz zum autoritären, „tüchtigen" Führungsstil, bei „dependent" mehr passiv, submissiv, bei „gegenabhängig" mehr aktiv, aggressiv.

Gegenabhängiger: Rebell, Negation als Verhaltensstil in der Gruppe. Dependenz im Wechsel mit Independenz: Kennzeichen des autokratischen Führers. Autoritätsproblem ungelöst; ungleichgewichtige Macht- und Einflußbeziehungen zu den Bezugspersonen, -werten.

Extremformen/Tendenzen:

Dependente bzw. Gegenabhängige, die extrem persönliche Nähe suchen bzw. diese fliehen und/oder die sich Autoritäten unterwerfen oder sie bekämpfen möchten (BENNIS).

II. Independent:

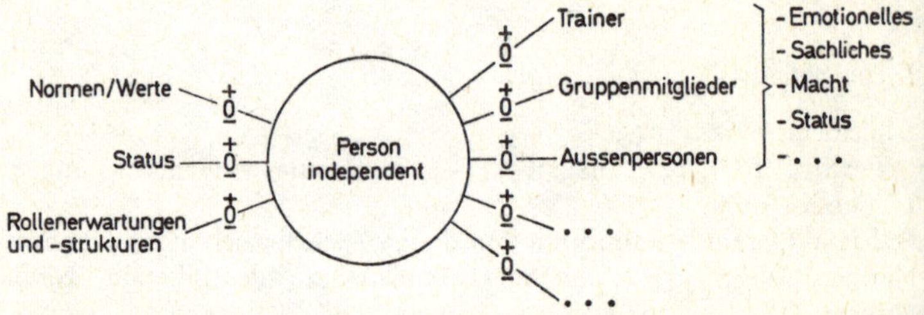

Allgemeine Skizzierung:

Über Außenbezüge (s. Skizze) kann relativ frei verfügt werden: akzeptierend/suchend (+), fortlassend (O), ablehnend/vermeidend (–).
Selbstgefühl weitgehend innerpersönlich fundiert.
„Streben nach Unabhängigkeit" (K. HORNEY) vs. „marginal man".
„Zieht vor, selbst zu planen und Arbeitsmethoden selbst auszuwählen; sucht keine Unterstützung und Beratung; genügt sich emotional selbst" (KRECH u. CRUTCHFIELD [13], S. 106).

Reif zu sachorientierter Partnerbeziehung.
Möglichkeit, Change Agent oder Catalyst (u. a. bei BENNIS) oder Randpersönlichkeit (u. a. bei LEWIN) zu sein; zentrale Person (REDL).
Hypothese für Persönlichkeits-/Gruppenentwicklung: Dependent-gegenabhängig-*independent*-interdependent (BENNIS).

Kommunikation in der Gruppe:

Tendenz zu egozentrierter Kommunikation (z. B. für ausschließlich eigenen Lustgewinn ohne Berücksichtigung der Gruppenbedürfnisse). Häufig wechselnde Zweier-Beziehungen bzw. „scanning" (BENNIS).

Bezug zur Führung in der Gruppe:
Mögliche Funktionen: Change Agent, Experte, Sachautorität ... Wenn kein Bezug zu Gruppenzielen und keine Übernahme von Verantwortung → Laissez-faire-Stil der Interaktion.
Independenz im Wechsel mit Dependenz: Kennzeichen des autokratischen Führers.
Der nur Independente hat das Autoritätsproblem nur „halb" bewältigt, etwa balancierte Macht- und Einflußbeziehungen zu den anderen Personen, Werten etc.

Extremform/Tendenzen:
Independente Selbstgenügsamkeit,
Individualismus (versus Universalismus),
Individualistische Isolation (R. F. BALES),
Laissez-faire-Stil in Gruppen (LEWIN).

III. Interdependent (Personintegration):

Für die detaillierten Außenbezüge jeder interdependenten Person vgl. Zeichnung für Indep.

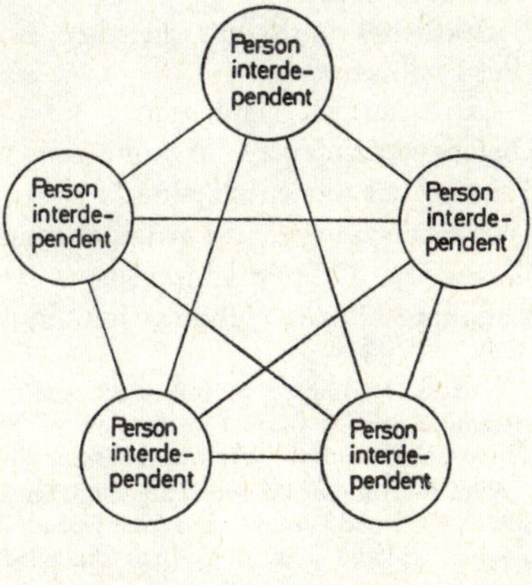

Allgemeine Skizzierung:

Gruppenbezogene Einzelne (s. Skizze); über Außenbezüge kann

prinzipiell im Sinne von +, O und — verfügt werden (wie beim Independenten).

Für Gruppenvorgänge sensitive und zur Personintegration tendierende Independente (die z. B. eigene *und* Gruppenbedürfnisse wahrnehmen können und berücksichtigen); keine z. B. emotionalen Fokussierungen.

Reif zu Entscheidungsvorgängen in interdependenten Beziehungen.

Maximale Freisetzung der Fähigkeit zu divergenter (schöpferischer) Produktion in der Gruppe.

Fähigkeit zum Wahrnehmen, Akzeptieren und Verarbeiten realer individueller Unterschiede; stärkeres Gefühl der Zusammengehörigkeit (Hartley).

Hypothese für Persönlichkeits-/Gruppenentwicklung: Dependent — Gegenabhängig — Independent — *Interdependent* (Bennis).

Kommunikation in der Gruppe:

Egozentrierte Kommunikation abgelöst durch Tendenz zu integrierter, offener Kommunikation (in emotionalem, sachlichem usw. Bereich).

Ständige Mehrfachbeziehungen — mit steigender Gruppengröße schwerer aufzunehmen und durchzuhalten.

Bezug zur Führung in der Gruppe:

Tendenz zu Führung durch die Gruppe selbst, Team.

Tendenz zu Statusabbau und Verzicht auf „Amts-Autorität".

Tendenz zur Verteilung von Führungsfunktionen (auch gemäß realer individueller Verschiedenheiten) auf die Gruppenmitglieder; Idealfall: Rotation.

Autoritätsproblem bewältigt; balancierte Macht- und Einflußbeziehungen in der Gruppe.

Dialektisches Verhältnis zwischen Gruppenbezogenheit und individueller Prominenz.

Extremformen/Tendenzen:

Distanzverminderung im Sinne von „Verschmelzung" statt Integration.

Tendenz zur totalen „Egalität".

Universalismus versus Partikularismus (Bales [2], S. 279).

Illusorischer Gruppenkonsensus.

Handlungsfähigkeit; Interaktion um ihrer selbst willen.

Anmerkung: Interdependenz ist die einzige Dependenzform, deren Verwirklichung tatsächlich an eine Gruppe (mehr als zwei Personen) gebunden ist und die eher als Gruppenphänomen sichtbar wird als beim Einzelnen.

Beim Individuum läßt sich nur von „Tendenz zur Interdependenz" im Sinne von „Bereitschaft und Fähigkeit zur Interdependenz" sprechen, wenn man von der Gruppe absehen will. Im persönlichkeitspsychologischen Sinne wäre damit etwa eine maßstabsverkleinerte Strebung des „Über-sich-hinaus-Sein" (Lersch) angesprochen oder eine Tendenz zur personalen Offenheit in Expansion und Differenzierung (Allport), jedoch nicht in den „luftleeren Raum" hinaus, sondern im sozialen Feld einer Gruppe.

G. Beispielsätze zum Dependenz-Konzept

Die Beispiele zu den einzelnen Dependenz-Formen entstammen Arbeiten von BALES und THELEN bzw. sind aus Tonbandaufnahmen von T-Gruppen-Sitzungen übertragen.

Es sei noch einmal darauf hingewiesen, daß *verbale* Interaktion nur einen Teil des Sozialverhaltens darstellt.

Dependenz:

1. Ersuchen um Unterstützung oder Lenkung von Personen:
„Mir wäre wohler, wenn der Trainer sagen würde, was er von der Gruppe erwartet."
„Der Stab war lange ein „Zauberstab" für mich, aber seitdem ..."

2. Sich abstützen auf eine bestimmte Vorgehensweise, Struktur, Tradition, Norm, Rollenerwartung:
„In den meisten Gruppen ist es vorteilhaft, jemanden auszuwählen, der sich um alles kümmert und die nötigen Maßnahmen trifft, und ihn dann verantwortlich zu machen, wenn er auch einiges tun mag, was den Gruppenmitgliedern mißfällt" (Werthaltung).
„Es ist eine gruppendynamische Grundregel, ganz offen zu sprechen."

3. Sich abstützen auf eine externe Autorität:
„Ich würde jetzt gern mal im Handbuch der Psychologie nachschlagen."
„Es gibt keinen besseren Wegweiser zum Erfolg als die Lebensführung großer geschichtlicher Persönlichkeiten!" (Werthaltung).
„Ist das in anderen Gruppen auch so?"

4. Bekundung von Schwäche und Inadäquatheit:
„Ich bin ganz durcheinander. Wie kommen wir nun weiter?"
„Daß uns die andere Gruppe beobachtet hat, machte mich unsicher; ich dachte, wir müßten jetzt besonders gut sein."

Gegenabhängigkeit:

1. Ablehnen von Unterstützung oder Lenkung von Personen:
„Wer ein Mann ist, muß Nonkonformist sein" (Werthaltung).
„Die Trainer haben genug mit sich selbst zu tun!"
„Ich biete mich als Sündenbock an!"

2. Opponieren gegen bestimmte Vorgehensweise, Struktur, Tradition, Norm, Rollenerwartung:
„Warum stellen Sie sich denn alle in so förmlicher Weise vor?"
„Ich habe nicht vor, den Pfarrer hervorzukehren."
„Was Sie da gerade sagten, war Lehrbuch S. 17."

3. Externe Autorität ablehnen, sie aber gleichzeitig ins Spiel bringen:
„Das Turmbau-Spiel hätte uns kooperatives Verhalten lehren sollen, aber dafür war die Situation viel zu unstrukturiert!"
„Der Stab bringt es doch nicht fertig, vernünftig zu planen."

4. Betonung der eigenen Stärke gegenüber Bezugspersonen, Normen etc.:
„Die Menschen können alle ihre Probleme *ohne* die Hilfe eines höheren Wesens lösen" (Werthaltung).
„Ich habe diesem Plan Widerstand geleistet, sooft er erwähnt wurde!"

I n d e p e n d e n z :

1. Relative Unabhängigkeit von einzelnen Personen:
„Man muß Abhängigkeit von Personen und Dingen vermeiden; das Zentrum des Lebens sollte man in sich selbst finden" (Werthaltung).
„Ich glaube nicht, daß ich Ihnen damit wehtue, X!"
„Dein Problem heißt „Kontakt-Distanz", Y. Wenn du so am Trainer klebst, hast du keine Handlungsfreiheit."

2. Relative Unabhängigkeit von der eigenen Gruppe:
„Die Gruppe ist so farblos. Mit keinem hier möchte ich heute Bier trinken gehen, ich gehe lieber zu den Sozialarbeitern."
„Wir kommen und kommen zu keinem Entschluß. Ich kann das noch eine ganze Weile beobachten."

3. Selbständiges Handhaben von Vorgehensweisen, Strukturen, Rollenerwartungen, Statuswerten usw.:
„Ich möchte da mal eine andere Methode vorschlagen."
„Meine ursprüngliche Zustimmung zu dem Plan ... ziehe ich jetzt zurück."

4. Betonen der eigenen Stärke in der Gruppe:
„Ich würde diese Gruppe gern als Sprecher vertreten!"
„Man hat zwar verschiedentlich versucht mich anzuschießen, aber ich konnte mich bisher arrangieren."
„Der Prophet gilt nichts im eigenen Lande."

I n t e r d e p e n d e n z :

1. Tendenz zur Anerkennung und Verarbeitung von Verschiedenheiten:
„Seit ich Ihnen sagen konnte, daß ich Sie überhaupt nicht für durchsetzungsfähig halte und mich darüber ärgere, fühle ich mich besser und kann mir die Sympathie, die ich eigentlich für Sie empfinde, gestatten."

„Ich kann mich in der Gruppe viel freier äußern als vorher, obwohl ich da noch nicht wußte, was für einflußreiche Leute hier sitzen."

2. Motivation zur Kooperation:
„Ich möchte den Vorschlag von Peter aufgreifen und ähnlich, wie es eben Herr X. tat, anregen ..."
„Eine Gruppe kann ihre Aufgabe nicht lösen ohne die freiwillige Mitarbeit eines jeden" (Werthaltung).
„Mein Eindruck ist: Wir haben noch zu wenig diskutiert, um bereits zu entscheiden."

3. Offener Informationsfluß:
„Was sich gestern noch im „Goldenen Löwen" zwischen Herrn Z. und uns jungen „Formaldemokraten" zugetragen hat, glauben wir jetzt einbringen zu müssen, damit die Entwicklung klar wird."

4. Tendenz zur Rotation von Funktionen und Positionen, zur Verteilung von Macht und Gefühlszuwendung:
„Vielleicht sollte jetzt ein anderer berichten."
„Komisch, daß mal der und mal jener auf dem einzigen roten Stuhl sitzt."
„Ich stelle mir privat nach jeder Sitzung eine Sympathie-Rangreihe der Gruppenmitglieder auf, aber die scheint mir immer weniger stabil und irgendwie mehr von Zufälligkeiten abhängig zu sein."

5. Gruppenbedürfnisse wahrnehmen und berücksichtigen:
„Ich habe den Eindruck, daß wir alle noch direkter miteinander sprechen wollen aber von unserer selbstgegebenen Wohlverhaltens-Norm nicht herunterkommen."

„Der Erwartung, mehr über mein Verhältnis zur Macht zu erzählen, kann ich im Moment nicht entsprechen, weil ich mir selbst darüber zu wenig im klaren bin. Kann mir jemand helfen?"
„Es ist ein unbehagliches Gefühl, daß zwei da etwas ausgeheckt haben und wir nun raten dürfen."

H. Selbstversuch (Muster)

Datum / Zeit:
Name:

Die Einstellungs- bzw. Sozialverhaltensformen Dependenz, Gegenabhängigkeit, Independenz und Interdependenz sind Ihnen in der Absicht vorgestellt worden, eine Hilfe für Beobachtungen an Einzelnen und Gruppen zu geben.

1. Versuchen Sie eine Analyse *Ihrer eigenen Relationen* zu Bezugspersonen Ihrer T-Gruppe (Trainer oder andere) bzw. in bezug auf die gesamte Gruppe (bei „Interdependenz"), und zwar in den Bereichen „Emotional" und „Sachlich-rational".

Das Ergebnis dieser Überlegungen läßt sich mittels der folgenden Schätzskalen natürlich nicht adäquat darstellen, aber vielleicht andeuten.

Als wie „dependent" und / oder „gegenabhängig" und / oder „independent" und / oder „interdependent" haben Sie sich in der gerade beendeten T-Sitzung erlebt? Lokalisieren Sie sich auf den einzelnen Skalen mit S . „O" ist die geringste, „6" die stärkste Ausprägungsstufe:

	emotional							
Dependenz		0	1	2	3	4	5	6
	sachl. rational							
	emotional							
Gegenabhängigkeit		0	1	2	3	4	5	6
	sachl. rational							
	emotional							
Independenz		0	1	2	3	4	5	6
	sachl. rational							
	emotional							
Interdependenz		0	1	2	3	4	5	6
	sachl. rational							

2. Wählen Sie nun das *Gruppenmitglied* (auch Trainer) aus, über das Sie in Termini der vier Dependenzformen am ehesten etwas sagen könnten, und markieren Sie Ihre Eindrücke im obigen Schema mit einem anderen Zeichen.

3. Können Sie jetzt noch versuchen, mit dem Symbol s einzuzeichnen, wie dieses andere Gruppenmitglied seinerseits Sie wohl einschätzen würde?

Literatur

[1] AGYRIS, Chr.: Die Zukunft des gruppendynamischen Laboratoriums. In: Z. Gruppendynamik 1 (1970), 20–40. – [2] BALES, R. F.: Personality and Interpersonal Behavior. New York 1970. – [3] BENNE, K. D., BRADFORD, L. P. und LIPPITT, R.: The Laboratory Method. In: BRADFORD, L. P. GIBB, J. R. und BENNE, K. D.: T-Group Therory and Laboratory Method. S. 15–44. New York 1964. – [4] BENNIS, W. G., SCHEIN, E. H., STEELE, F. I. und BERLEW, D. E.: Interpersonal Dynamics. Homewood 1964. – [5] BENNIS, W. G. und SHEPARD, H. A.: Group Observation. In: BENNIS, W. G. BENNE, K. D. und CHIN, R.: The Planning of Change. S. 743–764. New York 1961. – [16] BION, W. R.: Experiences in Groups and Other Papers. London 1968. – [7] BRADFORD, L. P., GIBB, J. R. und BENNE, K. D.: T-Group Theory and Laboratory Method. New York 1964. – [8] CARTWRIGHT, D.: Power: A Neglected Variable in Social Psychology. In: BENNIS, W. G., BENNE, K. D. und CHIN, R.: The Planning of Change S. 411–421. New York 1961. – [9] DÄUMLING, A. M.: Sensitivity Training. In: Gruppenpsychother. und Gruppendynamik, Bd. 2. Hrsg. BATTEGAY, R., ENKE, H., HEIGL-EVERS, A. et al. Göttingen 1968. – [10] EMERSON, R. M.: Power – Dependence – Relations. In: BACKMANN, C. M. und SECORD, P. F.: Problems in Social Psychology. S. 193–202. New York 1966. – [11] HEIGL, F.: Einige Gedanken zur Gruppendynamik. In: Z. Psychosomat. Med. u. Psychoanalyse 16, 1 (1970). – [12] HORN, K.: Politische und methodologische Aspekte gruppendynamischer Verfahren. In: Z. „Das Argument" 50, Sonderdruck Juli 1969. – [13] KRECH, D., CRUTCHFIELD, R. S. und BALLACHEY, E. L.: Individual in Society. New York 1962. – [14] LEWIN, K.: Feldtheorie in den Sozialwissenschaften. Bern 1963. – [15] LEWIN, K.: Grundzüge der topologischen Psychologie. Bern 1969. – [16] LEWIN, K., LIPPITT, R. und WHITE, R. R.: Patterns of Aggressive Behavior in Experimentally Created Social Climates. In: J. Soc. Psychol. 10, 271–299 (1939). – [17] LIPPITT, G. L.: What do we Know about Leadership? In: BENNIS, W. G., BENNE, K. D. und CHIN, R.: The Planning of Change. S. 431–435. New York 1961. – [18] TAUSCH, R. und A.-M.: Erziehungspsychologie. Göttingen 1968. – [19] THELEN, H. A.: In: BENNIS, W. C., BENNE, K. D. und CHIN, R.: The Planning of Change. New York 1961.

Pio Sbandi

„Feedback" im Sensitivity-Training*

In seinem Buch „Cybernetics" schrieb N. Wiener 1948: „Wenn das 17. und das frühe 18. Jahrhundert die Zeit der Uhren waren, das späte 18. und das 19. Jahrhundert die Zeit der Dampfmaschine, dann ist die gegenwärtige Zeit das Zeitalter der Kommunikation und der Kontrolle" [1].

Wenn ich im Sensitivity Training eine Methode zum Erlernen von Gruppenprozessen, und dadurch zur Verbesserung zwischenmenschlicher Beziehungen erblicke, so wahrscheinlich deshalb, weil es sich mit dem Problem der unmittelbaren face-to-face Kommunikation zwischen Menschen befaßt und dabei die Kontrolle der Gruppe benützt. Es scheint mir, daß das Sensitivity Training einem besonderen Bedürfnis unserer Zeit entspricht: Die Forschung auf dem Gebiet der Kommunikations-Mittel hat sehr dazu verholfen, die Überbringung von Informationen über die größten Entfernungen korrekt zu ermöglichen; es bleibt jedoch trotzdem der Eindruck bestehen, daß die Kommunikation zwischen Menschen in unmittelbarer Nähe nicht allzuviel von diesem Fortschritt gewinnen konnte.

Die Behandlung des Themas „Feedback im Sensitivity Training" stellt den Versuch dar, ein in der Biochemie und Physik schon lange bekanntes Modell auf die spezifische Situation einer Trainingsgruppe anzuwenden, das der Kontrolle komplizierter Vorgänge dient und ihren reibungslosen Ablauf garantiert. Leider liegen auf dem Gebiet des feedback im sozialen Bereich kaum Forschungsergebnisse vor, so daß wir uns mit einigen theoretischen Überlegungen, deren Systematisierung und dem Versuch ihrer Anwendung begnügen müssen.

Da ich im Laufe der Darlegung nicht mehr ausdrücklich auf die Problematik der Kommunikation eingehen kann, seien mir darüber noch einige Bemerkungen erlaubt. Unter *Kommunikation* wird verschiedenes verstanden. Für W. Weaver sind „alle Verfahren, durch die ein geistiges Wesen auf ein anderes geistiges Wesen einzuwirken vermag", im breitesten Sinn Kommunikation [2]. C. Cherry meint, Kommunikation sei „das, was jeden Organismus zusammenhält", wobei mit dem Wort Organismus zwei Freunde im Gespräch, Zeitungen und ihre Leserschaft,

* Vortrag, gehalten auf der 2. Arbeitstagung des Deutschen Arbeitskreises für Gruppenpsychotherapie und Gruppendynamik vom 9.–11. 10. 1969 in Bonn. Fundort s. S. 144.

ein Land und sein Post= und Telefonsystem gedacht werden können, sowie auch auf anderen Ebenen: das Nervensystem eines Tieres oder die Zivilisation und ihre Kultur. „Wenn Kommunikation aufhört" — so CHERRY — „fällt der Organismus auseinander" [3].

Während STEVENS in der Kommunikation die selektiv gezielte Ant=wort eines Organismus auf einen Stimulus sieht, ist CHERRY eher der Meinung, daß nicht die Antwort selbst die Kommunikation ausmacht, sondern Kommunikation im wesentlichen das Verhältnis, die Beziehung ist, die bei der Übermittlung eines Reizes und dem entsprechenden Hervorrufen einer Antwort zustandekommt [4].

Eine andere, der WEAVERS ähnliche Definition der Kommunikation betrachtet diese als „alle jene Verfahren, bei denen Leute sich gegenseitig beeinflussen" (RUESCH und BATENSON) [5]. J. B. NEWMAN [6] meint, daß Kommunikation jede mögliche Übermittlung von Informationen umfaßt, mit oder ohne Reaktion, mit oder ohne feedback.

R. L. MEIER [7] schlägt für Kommunikation folgende Formen vor:

a) face=to=face (Konferenzen, Treffen, Klatsch)
b) Lesen (von Zeitungen, Zeitschriften, Büchern usw.)
c) Mensch — Maschine (Lesen von Instrumenten, Mikroskop, Radar . . .)
d) Person zu Person über Maschinen (über Telefon, Radio, Fernsehen, Film)
e) Maschine — Maschine (feedback, Automatik . . .).

Wenn man von einer Verbesserung der zwischenmenschlichen Be=ziehungen oder Kommunikation spricht, dann möchte man meinen, daß man auch genau wüßte, was sie ist, wie sie ist und wie ihre Verbesse=rung aussehen soll. Wie wir gesehen haben, gibt es eine Reihe von Kommunikations=Definitionen, die jeweils bestimmte Aspekte hervor=heben. Wenn ich mich hier vor allem auf die face=to=face Kommunika=tion beschränke, ist noch nicht gesagt, was dabei unter Kommunikation zu verstehen ist. Für unsere Zwecke möchte ich eine beschreibende Ab=grenzung des Kommunikationsprozesses versuchen. Im Hinblick auf die Training=Situation verstehe ich unter Kommunikation den Prozeß, wo=durch ein Mensch einem oder mehreren anderen etwas von sich mitteilt und von den anderen annähernd so erlebt wird, wie er sich selbst erlebt. Da in diesem Prozeß notwendigerweise eine vollkommene Identifikation zwischen Kommunikant und Empfänger der Kommunikation nie statt=finden kann, ohne die Identität des einen in die des anderen aufzulösen, ergibt sich von vornherein die Möglichkeit einer Verbesserung der Kommunikation. Daß diese Verbesserung auch Grenzen aufweisen muß, ist selbstverständlich. Wie das feedback dieser Verbesserung auf Grup=pen= und auf personaler Ebene behilflich sein kann, soll hier gezeigt werden.

Allgemeines über feedback

Es gibt Worte, die in einer bestimmten Zeit Mode werden. Vielleicht ist ein solches auch das Wort feedback. Man spricht von positivem, gegebenem und angenommenem, gelungenem und nicht gelungenem feedback usw.

Das englische Wort feedback ist eine Kombination von zwei Wörtern: feed (auf Deutsch: füttern) und back (zurück). Für gewöhnlich wird das Wort ins Deutsche mit Rückkopplung, Rückwirkung oder Rückmeldung übersetzt. Es entsteht also schon auf den ersten Blick der Eindruck eines Geschehens, das schließlich zu seinem Ausgangspunkt zurückkehrt. Das heißt zunächst, daß es sich hier um einen Prozeß handelt, der kreisförmig verläuft, gleichgültig, ob die Rückmeldung direkt oder über ein dazwischenliegendes System erfolgt. Was in dem Wort feedback nicht enthalten, aber mitgemeint ist, ist seine Kontrollfunktion. M. a. W. durch die Rückmeldung ergibt sich die Möglichkeit der Kontrolle und der entsprechenden Änderung.

Feedback hat vor allem durch die Kybernetik eine bestimmte Bedeutung erlangt. Es bezieht sich auf die Selbstregulierung der Vorgänge in mechanischen Systemen, aber auch in der belebten Natur. Als selbstregulierendes System ist feedback schon lange in der Natur vorhanden; der Mensch wurde darauf erst aufmerksam über den Weg der Technik. Man denke z. B. an die quantitative periodische Oszillation bestimmter Tierarten, hervorgerufen durch ihre gegenseitige Abhängigkeit. Aus dem epidemiologischen Bereich des Menschen kennen wir das Beispiel der Masern-Epidemien: diese Epidemie tritt immer dann auf, wenn genügend nichtimmune Menschen vorhanden sind, und nimmt wieder in dem Maße ab, als die Immunisierung durch die Erkrankung der Menschen zunimmt. Aus der Physiologie des Menschen ließen sich viele Beispiele anführen. Daß unsere Bewegungen z. B. ungestört ablaufen, hängt mit dem Funktionieren von feedback-Systemen zusammen, insofern, als bei einer Bewegung immer ein Kreislauf von motorischen und sensorischen Meldungen und Rückmeldungen zwischen Zentralnervensystem und Erfolgsorgan (Muskel) besteht. Sind unsere Finger im Winter unterkühlt, so werden ihre Bewegungen ungeschickt. Dies geschieht nicht deshalb, weil etwa unsere Muskulatur durch die Kälte erstarrt wäre, sondern weil die Kälte die Sensibilität der Finger ausschaltet und damit die sensorischen Impulse als Rückmeldung zum Zentralnervensystem ausfallen.

Mit dem Bau immer komplizierterer Maschinen wurde der Mensch mit der Problematik der automatischen — also selbstwirkenden — Kontrolle konfrontiert.

Dieses Prinzip wurde schon in einfachen Maschinen angewandt, wie

z. B. in Windmühlen oder im Sicherheitsventil der Dampfmaschine. In dem uns allen bekannten Falle eines Thermostates wird sozusagen die Information eines eingebauten Thermometers über die Zimmer=Temperatur an das Gerät zurückgesendet, mit dem Ziel, die Zufuhr von Brennstoff oder elektrischer Energie zu verringern bzw. neu fließen zu lassen. Dadurch erreicht man — ohne den Heizkörper immer wieder selbst ein= und abzustellen — eine verhältnismäßig konstante Zimmertemperatur, die im voraus bestimmt wurde. Der im voraus bestimmte Temperaturwert wird als Soll=Wert bezeichnet. Der sich unter Umweltfaktoren ändernde reale Temperaturwert ist der sogenannte Ist=Wert. Die Kontrollfunktion besteht in der Messung des Unterschiedes zwischen den beiden Werten.

Für das Zustandekommen einer feedback=Kontrolle sind also folgende Voraussetzungen nötig:

a) Feedback ist dort möglich, wo zwischen den Elementen des zu kontrollierenden Systems eine gegenseitige Abhängigkeit besteht, d. h., daß es sich um ein geschlossenes System handeln muß, da nur in diesem Fall eine Rückmeldung zu den kontrollierenden Faktoren erfolgen kann.
b) Für das unter Kontrolle zu haltende System muß ein Soll=Wert bestimmbar sein.
c) Die zu kontrollierende Größe — der Ist=Wert — muß meßbar oder mit einer Standardgröße vergleichbar sein.
d) Ein feedback=Kontrollsystem braucht einen Irrtum als Auslöser, es kann ohne ein Abweichen des zu kontrollierenden Faktors von einer bestimmten Größe nicht in Tätigkeit treten. Wichtig ist allerdings, diesen Irrtum so klein als möglich zu halten (um größere Schwingungen im System zu vermeiden), und doch noch groß genug, um die feedback=Kontrolle auszulösen.
e) Beide — Messung und Regelung — müssen schnell genug erfolgen, um nicht zu Überkorrekturen zu führen, die das System wiederum in Schwingungen geraten lassen würden.

Zum Verständnis dieses letzten Punktes kann uns ein Beispiel helfen, das Pierce in seinem Buch Phänomene der Kommunikation [9] bringt: „Beim Tragen einer Schale Wasser versucht man oft, das Wasser zu beobachten und die Schale so zu balancieren, daß nichts herausläuft. Das gelingt nicht immer; oft gerät durch die Balanceversuche das Wasser immer stärker in Unruhe. In diesem Falle führt die Anwendung der Rückkoppelung zu einer Instabilität. Statt Abweichungen vom Sollwert zu verringern, vermehrt man sie u. U. durch ungeschickte Regelung." Das bedeutet einerseits, daß mit der Rückkoppelung immer die Gefahr der Instabilität des Systems vorhanden ist; andrerseits — um dieser Gefahr entgegenzutreten, soll die Stärke der Korrektur auf ein Minimum reduziert werden, wobei sie immer noch stark genug sein muß, um die Kontrollkunktion auszulösen. Eine wesentliche Rolle spielt dabei der Zeitfaktor. Um Schwingungen im System zu verringern, versucht man eine Verkürzung der zeitlichen Verzögerung. Dabei kann eine Kombination von verschiedenen feedback=Kontrollsystemen die Genauigkeit und Stabilität des zu kontrollierenden Systems erhöhen. Es muß hier noch bemerkt werden, daß die Korrektur ungeachtet der Störungsversuche erfolgt.

Als Zusammenfassung und Darstellung des feedback kann uns ein Schema von W. T. Powers, R. K. Clark und R. I. McFarland [10] dienen, das ich hier in Kürze und ein wenig geändert wiedergeben möchte:

Schema eines FB=Kontroll=Systems des externen Typs
(Allgemeine Form, nach Powers, Clark und McFarland)

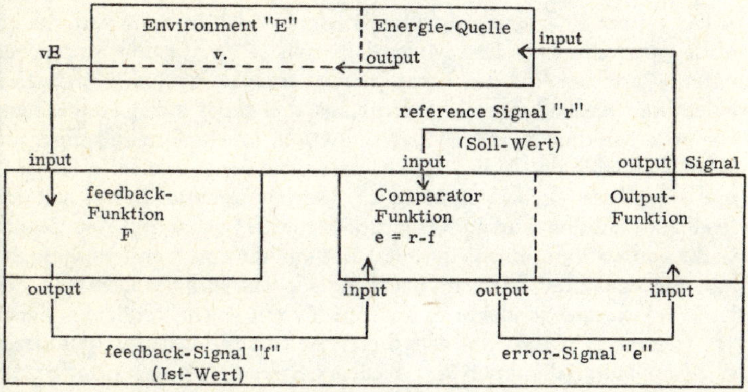

Feedback wird als Kontroll=System verstanden, und es wird versucht, eine allgemeine Form zu beschreiben. Die Autoren halten es für wichtig, zunächst einige Begriffe zu erklären:

Unter *System* wird hier eine Sammlung von Funktionen, die auf besondere Weise untereinander in Wechselbeziehung stehen, verstanden. Eine *Funktion* ist die direkte Beziehung zwischen zwei oder mehreren Variablen. Als *Variable* wird hier eine Kombination von zwei Klassen von wahrgenommenen Gegenständen (Percepts) bezeichnet; die erste Klasse enthält „Percepts“, die nicht variieren, die zweite beinhaltet veränderliche „Percepts“. Als *Percept* wird die Grundeinheit der Erfahrung verstanden. Da wir hier nicht vorhaben, uns mit der Theorie von POWERS, CLARK und MCFARLAND zu beschäftigen, werden diese Begriffe für das Verständnis des Schemas genügen.

Man unterscheidet zwischen zwei Haupttypen von feedback: Ein feedback=Typ, der dem zu kontrollierenden System gänzlich intern ist, und ein zweiter, der mit dem zu kontrollierenden System verbunden ist, aber außerhalb seiner Grenze liegt. Er wirkt zwischen output= und input=Grenze des Systems. Beide Typen können gleichzeitig vorhanden sein, doch nur der externe Typ ist mit Sicherheit beobachtbar.

Um das Schema unserer Autoren besser zu verstehen, muß man folgendes beachten:

a) Es handelt sich um eine allgemeine Form von feedback=Kontroll=System,
b) Es handelt sich um ein feedback=Kontroll=System des externen Typs,
c) Es wird unterschieden zwischen feedback=System und feedback=Funktion. Diese letzte entspricht genau dem Sinn des Wortes feedback, ohne die Kontrolle einzubeziehen.

Der output einer Energiequelle wird von Variablen beeinflußt, die im Milieu wirksam sind. Eine Milieu=Funktion „E" verursacht als eigener output=Variablen, die den input für das feedback=System bilden. Das eigentliche feedback=System besteht aus drei (oder zwei) Funktionen: Die erste Funktion ist die feedback=Funktion: sie empfängt als input die output=Variable des Milieus (d. h. die vom Milieu geänderte Energie) und signalisiert sie als output an die nächste Funktion. Der output der feedback=Funktion wird auch feedback=Signal „f" genannt. Dieses Signal wirkt nun als input für die zweite Funktion, die eine Vergleichsaufgabe hat. Sie empfängt einerseits das f=Signal, was nichts anderes als der Ist=Wert ist, und vergleicht es andererseits mit einem Vergleichs=Signal „r" (reference=Signal), das dem Soll=Wert entspricht. Der output dieser C (Comparator)=Funktion des feedback=Systems ist das Error=Signal „e", d. h. der Unterschied zwischen Soll= und Ist=Wert. Zugleich ist es input für die dritte und letzte Funktion des feedback=Systems, nämlich die output=Funktion. Sie ist es, die durch ein output=Signal an die Energie=Quelle den Kreis schließt. Diese dritte Funktion kann u. U. die zweite einschließen. Für das System ist es nun wichtig, „f" so nahe wie möglich an „r" zu bringen, d. h. den Ist=Wert so nahe wie möglich dem Soll=Wert anzugleichen und somit den „e"=Wert, also das Error=Signal, geringfügig zu halten. Sollte das Milieu gar keinen Widerstand leisten, dann würde das heißen, daß feedback=Signal und Soll=Wert=Signal gleich sind und das gesamte System im Gleichgewicht bleibt. Wie wir sehen, ist der Sollwert das eigentliche Mittel, wodurch das System kontrolliert werden kann.

Hier wird wiederum deutlich, daß in einem zweckmäßig funktionierenden feedback-System der Fehler nur einen minimalen Teil des Soll-Wertes ausmachen darf, denn sonst ist die Gefahr von Oszillationen im System nicht mehr vermeidbar. Ebenso ersichtlich ist die Bedeutung des Zeit-Faktors, da mit jeder Verzögerung des output-Signals die Wirksamkeit der Korrektur abnimmt.

Noch eine letzte Bemerkung terminologischer Art: POWER, CLARK und MCFARLAND nennen dieses feedback *negatives* feedback, d. h. die Bedeutung des feedback besteht in einer Mitteilung bezüglich einer Differenz, einer Abweichung des Ist-Wertes vom Soll-Wert. Dieser „negative" Wert ist sogar notwendig, damit feedback überhaupt wirksam werden kann.

Wir können uns hier nicht mit der allgemeinen Problematik der automatischen Kontrollsysteme beschäftigen. Das Gesagte hat nur den Zweck, uns einige wichtige Punkte eines feedback-Kontrollsystems zu vergegenwärtigen, um nicht die sonst schon von der Sache her gegebene Gefahr einer leichtfertigen Verallgemeinerung und Anwendung an die sozialen Gegebenheiten zu vergrößern.

Untersuchungen über feedback im sozialen Bereich

Bevor die nun beschriebenen Elemente eines feedback-Systems auf die Sensitivity-Training-Situation übertragen werden, möchte ich auf einige wenige Untersuchungen hinweisen, die sich mit dem Problem der Wirkung von feedback im sozialen Bereich besonders beschäftigt haben. Die für uns wichtigste Frage, wie sich feedback in Gruppen auswirkt, wird von den Untersuchungen nicht beantwortet.

Eines der ersten Experimente, das sich mit der Wirkung von feedback auf die Kommunikation beschäftigt, wurde von H. J. LEAVITT und R. A. H. MUELLER durchgeführt. Der erste Bericht stammt aus dem Jahre 1951 [11]. Das Experiment wird als Übung zur Verdeutlichung „der Möglichkeit einer Einweg- und einer Zweiwegkommunikation" bei T. BROCHER, Gruppendynamik und Erwachsenenbildung [12] angeführt.

Den Experimentatoren geht es darum, in zwei Experimentserien an konkreten Ergebnissen einer Aufgabe den eventuellen Unterschied zwischen vier bzw. zwei Kommunikationssituationen festzustellen. Ein Instruktor sollte einfache sechsstellige geometrische Figuren schnell und genau einer Gruppe beschreiben, die nach den verbalen Angaben die Figur auf Papier zeichnen mußte. Die Genauigkeit — und somit die Kontrolle der Unterschiede in den verschiedenen Situationen — wurde an der Reproduktion der beschriebenen, aber nicht gesehenen Figuren gemessen. Die vier verschiedenen Kommunikationssituationen waren:

a) Der Instruktor gab seine Instruktionen hinter einem Wandschirm sitzend. Die Gruppe durfte weder fragen noch irgendwelche Laute von sich geben und sah den Instruktor nicht.

b) Beide — Instruktor und Gruppe — konnten einander sehen, die Gruppe durfte sich aber nicht zur Instruktion äußern.

c) Gruppe und Instruktor konnten einander sehen, dazu durfte die Gruppe auf die Fragen des Instruktors mit Ja oder Nein antworten.

d) Die Gruppe durfte jede notwendige Frage an den Instruktor stellen, dieser konnte darauf frei antworten.

Die erste sogenannte No-feedback-Situation und die vierte sogenannte Free-feedback-Situation wurden in der zweiten Experimentserie allein benützt [13]. Um die Wirksamkeit des feedback zu untersuchen, gebrauchte jeder Instruktor die vier Situationen in der ersten Experimentserie in einer anderen Reihenfolge. Die für die Beschreibung einer Figur benötigte Zeit wurde gemessen. Die Ergebnisse wurden nach einer Skala von 0—6 bewertet, da sechs die Anzahl der Elemente einer Figur war. Die Ergebnisse zeigten, daß die mittlere Genauigkeit und ebenso die mittlere gebrauchte Zeit in den Situationen 1—4 stetig stieg. Ob die Erfahrung die Zeit beeinflußte, konnte durch die verschiedenen Schwierigkeitsgrade der einzelnen Figuren nicht festgestellt werden. Die Kontrolle der Leistungen zeigte, daß die Free-feedback-Situation genauere Resultate ergab.

Um das Verhältnis von verbrauchter Zeit, Genauigkeit und wiederholten Versuchen in einer und derselben feedback-Situation zu untersuchen, wurde eine zweite Serie von Experimenten durchgeführt, wobei — wie schon erwähnt — nur die Situation a) und d), d. h. ohne feedback und mit freiem feedback — berücksichtigt wurden.

Ergebnis: in der Free-feedback-Situation war die Genauigkeit innerhalb einer Vierer-Serie gleichbleibend, während die gebrauchte Zeit von Versuch zu Versuch geringer wurde. In der Situation ohne feedback steigerte sich die Genauigkeit von Fall zu Fall, während die gebrauchte Zeit gleich blieb. Hatte der Instruktor in einem vorausgegangenen Versuch in der Free-feedback-Situation gearbeitet, wirkte das dort erhaltene feedback weiter in der No-feedback-Situation.

Im Rahmen eines sozialpsychologischen Seminars an der Theologischen Fakultät der Universität Innsbruck haben wir diese Ergebnisse kontrolliert [14]. Ich beabsichtige, die Ergebnisse zu veröffentlichen. Hier nur einige Bemerkungen:

Dort, wo die Instruktoren ihre Instruktionen zunächst in der Free=feedback= und dann in der No=feedback=Situation gaben, stellten wir fest, daß in 50% der Fälle die Instruktoren mehr Zeit in der No=feed=back=Situation als in der Free=feedback=Situation brauchten. Hier könnte man von einer Nachwirkung der Free=feedback=Situation auf die No=feedback=Situation sprechen. Die Ergebnisse der Instruktion in diesen Fällen, verglichen mit denen, wo die No=feedback=Situation vor der Free=feedback=Situation kam, zeigten ferner, daß die Genauigkeit höher war. Wir konnten in der zweiten Experiment=Serie bestätigen, daß ein durch feedback geschlossener Kommunikationskreis zwischen Sender und Empfänger die Genauigkeit, mit der Information übermittelt wird, steigert, ebenso wie das Selbstvertrauen und das Sicherheitsgefühl von Sender und Empfänger. Zu der Bemerkung, daß „Sender und Empfänger ihre Leistung ohne das verbessern können, was als feedback=Erfahrung definiert wurde" (die Autoren beziehen sich hier auf das erwähnte Er=gebnis einer Steigerung der Genauigkeit in der wiederholten No=feed=back=Situation), können wir sagen, daß wir im Laufe der Experimente anfingen, die No=feedback=Situation — so wie sie bei LEAVITT & MUEL=LER angegeben ist — als solche anzuzweifeln. Ein Wandschirm scheint nicht alles feedback auszuschalten. Weitere Experimente, in denen wir Gruppe und Instruktor räumlich trennten, haben unsere Zweifel be=stätigt.

Diese Experimente können uns über die Wirkung des feedback=Kon=trollsystems der Instruktoren einiges sagen. Dort, wo der Instruktor den Ist=Wert seiner Mitteilung durch die feedback=Funktion des Publi=kums mit dem Soll=Wert vergleichen konnte, hat sich eine Verbesserung der Kommunikation ergeben. Manchmal zeigte sich hier auch eine ge=wisse Wirkung der Gruppe, dort wo ein Gruppen=Mitglied für den In=struktor und für die fragenden Kollegen die verstandene Instruktion wiederholte und somit allen feedback gab, das sofort auch kontrolliert werden konnte. Die Kontrolle dieser Wirkung ist aber im Experiment nicht vorgesehen.

S. ROSENBERG und R. L. HALL berichten 1958 über „Wirkungen von verschiedenen feedback=Situationen auf die Leistung eines Zweier=teams [15]. Die Ergebnisse dieser Untersuchung wie auch die Ergebnisse der Untersuchung über „Einige Wirkungen des vom Versuchsleiter ge=gebenen feedbacks auf übereinstimmendes Verhalten" von E. J. JONES, H. H. WELLS und R. TORREY von der Duke=University [16] und die des Experimentes von M. MOSES und J. E. MARCIA über „Leistungsvermin=derung als Funktion von positivem feedback: Selbstvereitelndes Ver=halten" [17] können für einzelne Aspekte der feedback=Problematik im sozialen Bereich wichtige Aufschlüsse geben. Da sie aber für unser spezielles Thema kaum einen Beitrag leisten können, werde ich sie nicht weiter behandeln und mich dem dritten Teil meines Referates zuwenden.

Feedback im Sensitivity Training

A. M. Däumling hat in seinem Referat auf der ersten Arbeitstagung des DAGG in Ulm 1967 „Sensitivity Training" als „eine Methode" bezeichnet, „das zu lernen, was im privaten und beruflichen Leben in der Regel nicht oder nur schwer gelernt werden kann, nämlich eigene und fremde Verhaltensweisen subtil aufeinander abzustimmen" [18]. Im selben Referat fügt er hinzu: „Die erste und wohl zentrale Methode wird als feedback bezeichnet" [19]. In derselben Richtung, wenn auch mit einer kleinen Akzentverschiebung, scheint mir, daß die Sensitivierung, zu der das Training führen soll, sich vor allem auf das Lernen oder die Verbesserung der Wahrnehmung von Gruppenprozessen bezieht: Es geht also darum, daß man empfindlicher und empfänglicher für spezifische Gruppenvorgänge wird, wie z. B. für die Herausbildung eines gemeinsam zu erreichenden Gruppen-Zieles, für die Entwicklung gruppeneigener Normen, die graduelle Aufteilung der Mitgliederfunktionen, besonders der Führer-Rolle usw., so daß man auch sagen könnte, es geht beim Sensitivity Training um eine unter optimal-reflektierenden Bedingungen durchgeführte Selbsterfahrung der Bildung und Entwicklung einer Gruppe.

Zu den optimalen Bedingungen rechne ich auch das feedback als ein in der Gruppe sich allmählich bildendes Kontrollsystem, das zwei Hauptfunktionen hat: 1. die Feststellung des Ist-Wertes der Kommunikationen unter den Gruppen-Mitgliedern, was der Klärung ihrer Beziehungen zueinander gleichkommt, und 2. durch die graduelle Erhöhung des Soll-Wertes die Forderung der Kommunikation selbst, sofern diese für das Erreichen der Gruppen-Ziele sinnvoll ist.

Im Laufe eines Sensitivity-Training-Kurses — besonders wenn mehrere Gruppen daran teilnehmen — treten beide Typen von feedback-Kontroll-System in Aktion: die internen in den Training-Gruppen (kurz TG genannt). Darunter versteht man sowohl die Sitzungen, die während des gesamten Kurses zwei- bis dreimal täglich in der Dauer von je 90 Minuten stattfinden, als auch die Gruppe selbst. Außer dieser TG-Konstellation gibt es bei einem Sensitivity Training Möglichkeiten zur Bildung neuer Gruppen, die aus Mitgliedern der verschiedenen T-Gruppen bestehen, sowie Möglichkeiten für Kontakte zwischen den T-Gruppen selbst; in diesen Fällen wirkt das externe feedback-Kontroll-System.

Wir betrachten zunächst das feedback in einer TG als geschlossenes System und fangen mit dem Problem an:

1. Feedback in der Anfangssituation der TG

Innerhalb dieses TG=Systems, dessen Elemente die Gruppen=Mitglieder sind, entwickelt sich eine Reihe von Interaktionen. Sie sind am Anfang durch zwei Faktoren weitgehend bestimmt: a) die ungewohnte Kontaktdichte und b) das Fehlen einer gruppeneigenen Struktur. Dies verursacht bei den Gruppen=Mitgliedern Unsicherheit bezüglich des eigenen und fremden Verhaltens, da die Rollen, die sie sonst unter gewöhnlichen Umständen in verschiedenen Gruppen ausüben, hier nicht mehr angepaßt erscheinen. Man geht also auf die Suche nach situationsgerechten Verhaltensweisen. Schon bei diesem ersten Stadium werden feedback=Systeme wirksam. Damit sind zunächst die der einzelnen Gruppen=Mitglieder gemeint. Sie melden die verschiedenen Reaktionen der anderen zurück und gleichzeitig vergleichen sie die empfangenen Rückmeldungen mit dem eigenen Kommunikations=Soll=Wert, der natürlich von Mitglied zu Mitglied sehr verschieden sein kann. Das feedback=Kontroll=System der Gruppe muß sich erst bilden, und wie wir gesehen haben, kann dies nicht in Aktion treten, ohne die Vorgabe eines von der Gruppe anerkannten Soll=Wertes. Der Soll=Wert, von dem hier die Rede ist, bezieht sich auf die Art und auf die Inhalte der Kommunikation der Gruppen=Mitglieder untereinander, so daß von vornherein mindestens von zwei Formen gesprochen werden kann, eine hinsichtlich dessen, „wie" die Kommunikation geschehen soll — also die Verhaltensweise — und eine, hinsichtlich dessen, „was" die Kommunikation enthalten darf, nämlich die Inhalte. Dieser Gruppen=Soll=Wert kann nur als das Ergebnis des in der Dynamik der Interaktionen geschehenen Abtastens der einzelnen Soll=Werte entstehen. Man kann sich also leicht vorstellen, daß dieser anfängliche Wert angesichts der oben erwähnten Unsicherheitsfaktoren mehr den recht formellen Umgangsformen unserer Gesellschaft entsprechen wird. Es ist für gewöhnlich so, daß dabei nicht die Gruppe und ihre Mitglieder Inhalt der Kommunikation sind, sondern es wird regelmäßig nach einem gruppenfremden Thema gesucht, worüber man sich unterhalten kann. Auch wird es kaum jemand wagen, seine Gefühle bezüglich der Situation in der Gruppe zu äußern, sondern jeder wird versuchen, sie sorgfältig zu unterdrücken. Dieser Zustand ruft allmählich Unbehagen hervor, denn die Situation entspricht nicht den Erwartungen. Man ist schließlich nicht zum Sensitivity Training gekommen, um z. B. lange Erzählungen über Indonesien oder eine Abhandlung metaphysischer Probleme zu hören. Dieses Unbehagen, das vom eigenen feedback=System der einzelnen immer stärker signalisiert wird, bewirkt nur dann eine Änderung des Soll=Wertes der Gruppen=Kommunikation, wenn es jemand in der Gruppe verbalisiert; also wenn durch ein in der Gruppe noch nicht geübtes Verhalten und durch Äußerung von neuen Inhalten ein neues Modell der Kommunikation konkret gezeigt wird. Ein Beispiel dafür kann ein Mitglied geben, das in der Gruppe sein Unbehagen äußert und sich auch um die Gefühle der anderen erkundigt. Die Reaktion der Gruppen=Mitglieder wird dann zeigen, ob das neue Kommunikations=Modell auch einen neuen Soll=Wert für die Kommunikation innerhalb der Gruppe darstellen kann oder nicht. Somit fängt die Gruppe an, sich selbst und den einzelnen Gruppen=Mitgliedern durch feedback zu helfen. Charakteristisch für dieses feedback=Kontroll=System ist hier — wie überhaupt im sozialen Bereich —, daß der Soll=Wert ständig geändert werden kann, und zwar in beiden Richtungen: im Sinne einer Intensivierung oder im Sinne einer Rückkehr zu mehr formellen Verhaltensweisen.

Ohne ein Unbehagen in der Gruppe, ohne ein immer klarer werdendes Abweichen des Ist=Wertes (z. B. durch Intellektualisieren) vom Wunsch= (Soll=) Wert, kann das feedback=System nicht in Aktion treten, was auch heißen würde, daß die Gruppe aus irgend einem Grund ihr Gleichgewicht im Hinblick auf die Art und den Inhalt der Kommunikation nicht ändern will. Was dieser Grund ist, spielt für das Kontroll=System keine Rolle. „Durch den feedback=Prozeß" — schreibt R. CHIN [20] — „wird also das System (Gruppe) gesteuert und korrigiert. Dadurch wächst das Gefühl eigener Aktionswirksamkeit auf andere. Die Gruppe wird durch das feedback der eigenen Schwierigkeiten gewahr, der Gründe dieser Probleme und der notwendigen Berichtigungen. Der Gruppe wird es allmählich möglich, sich mit Hilfe des feedback selbst einzuschätzen und zu bewerten."

Ein ernstes Problem bezüglich feedback in der Anfangssituation kann durch die Anwesenheit schwer neurotischer Mitglieder entstehen [21]. Voraussetzung für ein immer wirksameres und intensiveres feedback ist eine verhältnismäßig angstfreie Atmosphäre innerhalb der Gruppe. Diese Entwicklung geht Hand in Hand mit der graduellen Erhöhung des Soll=Wertes der Kommunikation. Personen, die schon lange unter Kontaktstörungen und mangelhafter Realitätsprüfung leiden, werden nach den ersten Sitzungen immer mehr versuchen, gerade die Intensivierung der Kommunikation durch die Erhöhung des Soll=Wertes zu verhindern, da dies für sie zu sehr angsterregend wirken muß. Solche Teilnehmer bewegen sich dann vornehmlich auf einer rationalisierenden Ebene, die ein Fortschreiten des Gruppen=Prozesses erheblich behindert. Unter solchen Umständen kann sich die Frage ergeben, inwieweit es im Interesse aller liegt, die vorhandene Teilnehmerzahl auf alle Fälle beizu=

behalten, sofern sich nicht durch eine dem Training vorausgegangene Auslese die Teilnahme solcher Bewerber vermeiden läßt.

2. Einige Kriterien für die Wirksamkeit der feedback= und der Kontrollfunktion

A. Das feedback=Signal, das den Ist=Wert des Gruppen=Geschehens oder einer individuellen Verhaltensweise in der Gruppe ausdrückt, muß, um wirksam zu sein:

a) *konkret sein;* d. h. sich auf einen bestimmten Vorgang beziehen und keine Verallgemeinerung enthalten (Ist=Wert kann keine Verall= gemeinerung sein);

b) möglichst *neutral berichtend;* d. h. man beschreibt, wie eben eine Situation, eine Verhaltensweise, ein Vorgang erlebt wird. Bewer= tungen gehören nicht dazu;

c) *kurzdauernd:* dies ist besonders wichtig, damit die Kontrollfunktion erfolgen kann. Eine zeitliche Verzögerung wirkt sich auf das ge= samte Kontroll=System störend aus;

d) *auf die Hier= und Jetzt=Situation bezogen:* Biographische Daten, wie z. B. Kindheitserlebnisse, sind in einem therapeutischen Prozeß un= erläßlich, können aber nicht Inhalt von feedback sein. Hier wollen SCHEIN und BENNIS [22] einen der Unterschiede zwischen psycho= therapeutischen und Trainingsgruppen sehen. Natürlich bedeutet das nicht, daß während einer TG=Sitzung ein Gruppen=Mitglied keine selbstbiographischen Daten vorbringen darf. Das feedback auf dieses Verhalten wird zeigen, ob diese Mitteilung der Gruppe und den ein= zelnen geholfen hat;

e) *möglichst dem Geschehen zeitlich nahe sein:* Gruppen=Ereignisse oder Verhaltensweisen, die nicht mehr aktuell sind, können schwer einer genauen Kontrolle unterzogen werden, da inzwischen wichtige Elemente vergessen und neue hinzugekommen sind;

f) *sich auf öffentlich beobachtbare und erfahrbare Verhaltensweisen beziehen* [23];

g) *vom jeweiligen Soll=Wert der Gruppen=Kommunikation nicht zu stark abweichen:* Dies ist wohl gemeint, wenn gesagt wird, daß feedback „angemessen" sein soll; eine notwendige Rücksichtnahme auf die Bedürfnisse aller beteiligten Personen. — Wir haben schon gesehen, daß ein vom Soll=Wert zu stark abweichender Ist=Wert das System in Schwingung geraten läßt, da die feedback=Kontrolle nicht mehr wirksam sein kann.

B. Die Kontrollfunktion muß:

a) möglichst *unmittelbar nach der Rückmeldung* stattfinden,
b) *viele*, wenn nicht alle zur Verfügung stehenden *Kontroll=Instanzen benützen*. Das bezieht sich besonders auf die Gruppen=Mitglieder, die sich dazu äußern können [24].

Die Gefahr, daß die Kontrollfunktion, die die wichtigste des feed=back=Systems ist, versagt, darf nicht unterschätzt werden. Auch dort, wo alle Mitglieder einer Gruppe der Meinung sind, daß eine Rückmel=dung treffend sei, kann ein Irrtum vorliegen. Man denke an den Fall des Sündenbocks. Der Vorteil der Gruppen eines Sensitivity Trainings im Vergleich zu anderen Gruppen besteht darin, daß während eines Trainings mehrere feedback=Kontroll=Systeme eingeschaltet werden kön=nen. Dies gilt auch für Äußerungen und Verhaltensweisen, die im ge=schlossenen System der TG bejaht, durch andere Kontrollen jedoch ver=neint werden.

3. *Feedback=Äußerungsformen*

Die feedback=Funktion, wie auch die Kontrollfunktion, können verbal und non=verbal, formal (z. B. durch Fragebogen) oder informal, spontan oder überlegt, intendiert oder nicht intendiert sein. Kurz, jede von an=deren klar wahrnehmbare Äußerung kann feedback sein.

4. *Feedback und Trainer=Rolle*

Es ist sicher eine der Trainer=Funktionen, innerhalb und außerhalb der TG feedback zu geben. Er tut es, indem er auf die Schwierigkeit verbal hinweist, die die Gruppe auch fühlt, aber nicht imstande ist zu verbalisieren. Darüber hinaus kann der Trainer der Gruppe helfen, indem er durch sein Verhalten Modelle für das feedback bildet. Die Gruppe kann mit Recht diese Funktion vom Trainer verlangen. Zugleich prüft sie, ob seine Interventionen treffend sind, ein Vorgang, der für die Lösung des sogenannten Trainerproblems auch behilflich sein kann. Vielleicht wird feedback noch zu wenig für die Beziehungen zwischen Gruppe der Trainer (Staff) und Gruppe der Teilnehmer benützt.

5. *Feedback und Paar=Interview*

Unter Paar=Interview wird in manchen Labs eine Übung verstanden, bei der „wechselweise je zwei Angehörige einer TG die Gruppenvor=gänge und ihr jeweiliges Verhalten in der letzten Gruppensitzung be=sprechen.“ —

Zweck dieser Übung sollte sein, dem einzelnen eine Möglichkeit zu bieten, in der Zweier-Konstellation feedback zu geben und zu empfangen. Abgesehen von der grundsätzlichen Schwierigkeit der Kontrolle, die mit der Zweier-Konstellation immer gegeben ist, bezieht sich hier die feedback-Funktion auf vergangenes, nicht mehr aktuelles Verhalten. Es entspricht einem eher allgemeinen Eindruck und kann unter Umständen das feedback-System einer Gruppe stören, weil in den Subgruppen jeweils neue Ist- und Soll-Werte gesetzt werden, die nicht dem Ist- und Soll-Wert der gesamten Gruppe entsprechen. Darüber hinaus könnte die regelmäßige Durchführung dieser Übung am Ende jeder Sitzung die Gruppen-Mitglieder veranlassen, das feedback nicht mehr in der Gruppe zu geben, sondern lieber ‚privat', ein Vorgehen, das für den Gruppenprozeß sicherlich nicht förderlich ist.

6. *Feedback und Übungen*

Besonders wichtig scheint mir, daß während eines Sensitivity Trainings den Teilnehmern mehrere Möglichkeiten geboten werden, in Experiment-Situationen mit genau instruierten Beobachtern feedback auszuüben. Zugunsten solcher Übungen möchte ich die Möglichkeit erwähnen, die Anzahl der TG-Sitzungen — vor allem in 14tägigen Kursen — zu reduzieren. Dies könnte u. U. helfen, festgefahrene Situationen in der TG besser zu lösen als durch zusätzliche TG-Sitzungen. Außerdem scheint mir, daß Intergroup-Exercises des cooperativen sowie des competitiven Typs mit anschließendem Gruppen-feedback bei einem Sensitivity Training nicht fehlen sollten. Das stellt zugleich die Frage nach der Bedeutung eines Sensitivity Trainings, an dem sich nur eine Gruppe und sogar nur ein Trainer beteiligen.

R. R. Blake macht in seinem Artikel „Studying Group Action" [25] die Bemerkung: „Training-Gruppen beschäftigen sich in erster Linie mit Gruppen-Verhalten; und mit den persönlichen Problemen der Gruppenmitglieder nur insofern, als individuelles feedback den Mitgliedern hilft, eine für das Erreichen der Gruppen-Ziele wirksamere Art der Interaktionen zu entwickeln." Er sieht hier die Grenze zwischen Sensitivity Training und therapeutischer Gruppe.

Mit dieser Bemerkung möchte ich mein Referat schließen und betrachte sie als eine Art feedback, das besagen möchte: bis jetzt hat man da und dort im Sensitivity Training mehr mit persönlichem feedback und weniger mit gruppen-zentriertem gearbeitet. Ich hoffe, daß die Kontrolle über diese Rückmeldung sich aus der Praxis und aus der Forschung bald zeigen wird.

Literatur und Anmerkungen

[1] WIENER, N.: Cybernetics. Cambridge, New York 1948. Unser Zitat stammt aus einer Zusammenfassung dieses Buches, erschienen unter demselben Titel: Communication and Culture, hsg. von SMITH, A. G., New York 1966, 27. – [2] WEAWER, W.: The Mathematics of Communication: Communication and Culture (s. Anm. 1) 15. – [3] CHERRY, E. C.: The Communication of Information: Communication and Culture (s. Anm. 1) 36. – [4] Vgl. NEWMAN, J. B.: A Rationale for a Definition of Communication: Communication and Culture (s. Anm. 1) 60–61. – [5] S. Anm. 4, 61. – [6] S. Anm. 4, 55–63. – [7] MEIER, R. L.: Communication and Social Change: Behavioral Science, 1 (1956) 43–59. – [8] Vgl. SCHÜTZ, E.: Physiologie. München [5]1958, 147. – [9] PIERCE, J.R.: Phänomene der Kommunikation: Informationstheorie – Nachrichtenübertragung – Kybernetik. Düsseldorf 1966. – [10] POWERS, W. T., CLARK, R. K., MCFARLAND, R. J.: A General Feedback Theory of Human Behaviour: Perceptual and Motor Skills, 11 (1960) 71–88; vgl. auch Communication and Culture (s. Anm. 1) 333–343. – [11] Human Relations 4 (1951) 401–410; Vgl. auch Communication and Culture (s. Anm. 1) 344–353. – [12] Braunschweig 1967, 142–151. – [13] Für die erste Serie: Vpn (N = 80) waren College-Studenten in 4 Gruppen – die zwei Instruktoren waren Univ.-Dozenten. Für die zweite Serie: 10 Gruppen von College-Studenten und 10 Instruktoren. – [14] Bei der Wiederholung des Experiments in unserem Seminar in Innsbruck nahmen insgesamt 121 Vpn (Studenten) und 4 Instruktoren (Studenten) teil. – [15] Journal of Abnormal and Social Psychology 57 (1958) 271–277; vgl. Communication and Culture (s. Anm. 1) 353–364. – [16] JONES, E. J., WELLS, H. H. and TORREY, R.: Some Effects of Feedback from the Experimenter on Conformity Behaviour. Journal of Abnormal and Social Psychology, 57 (1958) 207–213. – [17] MOSES, M. and MARCIA, J. E.: Performance decrement as a function of positive feedback: self-defeating behaviour. The Journal of Social Psychology 77 (1969) 259–267. – [18] In: Gruppenpsychotherapie und Gruppendynamik – Ergebnisse und Berichte, Band 2. Göttingen 1968 (113–123), 113. – [19] Ebd., 117. – [20] CHIN, R.: The Utility of System Models and Developmental Models for Practitioners: BENNIS, W. G., BENNE, R. D. and CHIN, R. (Hsg.): The Planning of Change, N. Y. 1961, 206. – [21] S. Anm. 10, 123. – [22] SCHEIN, E. H. and BENNIS, W. G.: Personal and Organisational Change through Group Models: The Laboratory Approach, N. Y. 1965, 41–43. – [23] Ebda. – [24] Ebda., 42. – [25] In: BRADFORD, L. P., GIBB, J. R. and BENNE, K. D. (Hsg.): T-Group Theory and Laboratory Method. Innovation in Re-education, N. Y. 1966, 336–364, bes. 360.

Franz Heigl

Verhaltens- und Prozeß-Sequenzen einer Minoritätsgruppe in einem gruppendynamischen Praktikum

Zur Frage des Verhältnisses psychoanalytischer und sozialpsychologischer Dimensionen*

Gruppendynamische Praktika dienen als Lehr- und Lernveranstaltungen der Vermittlung gruppendynamischer Erfahrungen und Erkenntnisse. Gruppendynamik bedeutet hierbei einmal die Dynamik oder die Veränderung von Ursache-Wirkung-Beziehungen in sozialen Gruppen, weiter die wissenschaftliche Erforschung von Kommunikationssystemen und Interaktionsprozessen (Däumling 1968) und ferner die praktische Anwendung gruppenpsychologischer Erkenntnisse in der Hochschuldidaktik, in sozialen Institutionen, in der sozialen Rehabilitation von psychiatrischen und psychotherapeutischen Kliniken (Heigl 1970). Die Veranstalter des ersten Praktikums, unter ihnen Kurt Lewin**, betrachteten die Kleingruppe als das Bindeglied zwischen dem Individuum und größeren sozialen Strukturen und sahen sie deshalb als ein Mittel an, sowohl dem Individuum zu größerer interpersoneller Kompetenz zu verhelfen wie auch zur Veränderung sozialer Strukturen beizutragen.

Dabei sehen wir, glaube ich, heute genauer, daß Lewin und andere hinsichtlich der Veränderung sozialer Strukturen via Kleingruppe zu optimistisch gewesen sind. Wohl ist die Kleingruppe eine Zwischeninstanz im Spannungsfeld zwischen Individuum und Gesellschaft, aber die Wechselwirkung zwischen Kleingruppe und gesellschaftlicher Umwelt ist nicht dieselbe wie die zwischen Individuum und Kleingruppe. In der Beziehung Individuum-Kleingruppe handelt es sich wirklich um ein funktional reziprokes Verhältnis, insofern als der einzelne nach dem Maß seiner inneren Freiheit den Gruppenprozeß mitbestimmen, an der Bildung von Normen, Entscheidungen und Zielen dieser Gruppe beteiligt sein kann. Insofern bleibt die sozialpsychologische Funktion besonders der face-to-face-Gruppen bestehen. Sie ermöglichen dem einzelnen eine Identifizierung mit dem jeweils anderen (Adorno und Dirks 1956); sie zeigen ein wichtiges Merkmal der Pluralität: Pluralität heißt Vielheit *und* Verschiedenheit, d. h. der einzelne kann als Glied einer Vielheit

---

* Nach einem Vortrag im Sozioökonomikum der Universität Göttingen am 2. 6. 1970. Fundort s. S. 144.

** Siehe Bradford, Gibb, Benne 1964 und Benne 1964.

einzigartig sein (ARENDT 1960); sie verhindern es so, daß der eine den anderen, weil er ihn nicht kennt und versteht, wie ein Ding betrachtet und behandelt.

Aber die Beziehung Gruppe — größere soziale Strukturen bzw. Gesamtgesellschaft ist eine ganz andere. Schon in Gruppen, die nach bestimmten Zwecken ausgerichtet sind, in den Betriebsbelegschaften, politischen Parteien, wirtschaftlichen oder beruflichen Interessenverbänden oder in den Abteilungen von Industriebetrieben ist die Bindung an das reine Interesse so dominant (ADORNO u. DIRKS 1956), ist die Aufgabenfunktion so überwältigend und färbt so sehr jedes Verhalten, daß von der obenerwähnten sozialpsychologischen Funktion der Kleingruppe als Ermöglichung der Identifizierung mit dem anderen kaum mehr die Rede sein kann. Vollends die Beziehung Kleingruppe-Gesamtgesellschaft ist bei der zunehmenden Vergesellschaftung, der planenden Erfassung von oben, der Integration in unmäßig große wirtschaftliche und politische Organisationsformen, so sehr von der Gesellschaft und ihren Systemzwängen her determiniert, daß von einem einfach reziproken Verhältnis Kleingruppe-Gesellschaft kaum gesprochen werden kann. Vielmehr bilden sich Kleingruppen häufig in Reaktion auf und in Protest gegen die zunehmende Vergesellschaftung und deren Zwang zur Anpassung. Insofern ist auch die Gruppendynamik ein Produkt der Gesellschaft und muß sich als solches erkennen. Aber in dem Maße, wie auf ihre Situation innerhalb der Gesellschaft reflektiert wird, wie sie ein Problembewußtsein von den ihr durch die Gesellschaft vermittelten Werten von innerer und äußerer passiver Anpassung (MITSCHERLICH 1963) gewinnt und zum Beispiel Ideologien von Kooperation, Partnerschaft und Vertrauen abbaut, in dem Maße wird sie, so glaube ich, auch in der Lage sein, dem Teilnehmer gruppendynamischer Praktika dazu zu verhelfen, seine realen Abhängigkeiten und Anpassungen besser zu durchschauen und via Primär- und Bezugsgruppe die Struktur seines Arbeits- und Berufsbereiches über eine genaue Situationsanalyse und zum Beispiel durch Koalitionsbildung allmählich zu verändern.

Die meisten gruppendynamischen Praktika finden, wie auch in dem hernach zu schildernden konkreten Beispiel, außerhalb der urbanen und beruflichen Drucksituation in einem Hotel oder noch besser in einem Konferenz-Zentrum statt, wobei die Teilnehmer während der Dauer des Seminars, durchschnittlich 10 Tage, in Wohngemeinschaft zusammenleben.

Die Wohngemeinschaft hat sich aus verschiedenen Gründen als nützlich erwiesen: das Geschehen wird überschaubarer, Einflüsse von außen sind weitgehend ausgeschaltet. Sie ermöglicht eine Konfrontation der Teilnehmer mit der administrativ-bürokratischen Organisation des Seminars ebenso wie mit der community im Sinne einer Gruppe von

Menschen, die in großer Nähe zueinander leben und irgendeine Art von sozialer Organisation aufweisen.

Der Hinweis auf die Wohngemeinschaft ebenso wie der Text der Einladung machen dem Teilnehmer von vornherein klar, daß die Atmosphäre des Praktikums informell ist und daß er während seines Aufenthaltes nur minimale Kontakte mit Familie und Beruf haben wird. Der Teilnehmer kommt quasi auf eine kulturelle Insel.

Mit diesem Inselcharakter hängt eine potentielle Gefahr solcher gruppendynamischer Praktika zusammen, die Gefahr nämlich, daß privatistische Einstellungen überhandnehmen und der Teilnehmer sich von der Berufs- und Alltagswelt abkehrt und sich nur um das Menschlich-Persönliche kümmert. Der Inselcharakter könnte auch zu der Illusion führen, daß sich alle Konflikte des Alltags auf Kategorien der Individualpsychologie reduzieren ließen. An dieser Stelle setzt dann öfters eine Kritik an der Gruppendynamik ein, der Art, daß — ich überpointiere um der Deutlichkeit willen — Gruppendynamik nur Selbstzweck sei ohne emanzipatorische Konsequenzen, daß sie eine individualistische Nabelschau darstelle, einen Kult des rein Menschlichen bedeute (GIERE 1970 und HORN 1969).

Ich will diese Gefahr nicht leugnen, meine jedoch nach meinen Erfahrungen sagen zu können, daß sie weniger im Charakter solcher gruppendynamischer Seminare begründet ist als vielmehr in den regressiven Sehnsüchten einzelner Teilnehmer.

Ähnlich wie in der Psychoanalyse, in ihrer dyadischen Form als sogenannter Einzelanalyse, wird im Bereich der Gruppendynamik diese „Inselhaftigkeit" des Praktikums absichtlich hergestellt. Ähnlich wie in der klassischen Psychoanalyse geht es darum, eine experimentelle Situation herzustellen, die in diesem Fall den Teilnehmern ermöglichen soll, in verschiedenen Gruppenbezügen ihre habituellen, rigiden Einstellungen und Verhaltensweisen zu erleben und zu erkennen. Erst die Ausschaltung von realen Konsequenzen, von Gratifikationen und Sanktionen, d. h. von gesellschaftlich wirksamen Lohn- und Strafreizen ermöglicht es dem Teilnehmer, sich mit seinen „tieferen", unter dem konventionellen Verhalten bestehenden Einstellungen und Verhaltensweisen darzustellen, zu exponieren und auseinanderzusetzen. Konkreter gesprochen: Wenn zum Beispiel ein im Universitätsverband als progressiv, ja revolutionär bekannter Assistent in einem solchen Praktikum stärkere Abhängigkeitstendenzen gegenüber Autoritäten feststellt oder ein renommierter Psychoanalytiker sich erstmalig seiner antiautoritären Protesthaltung bewußt wird, so haben beide auch etwas an Problembewußtsein für ihre berufliche Alltagssituation gewonnen und können bei entsprechender Motivation anders mit ihr umgehen.

Aber damit ist auch schon gesagt, daß nur ein indirekter Kausalnexus oder eine indirekte Folgewirkung gruppendynamischer Praktika in Richtung auf Demokratisierung besteht. Die Ansicht, Gruppendynamik könne direkt über die Kleingruppe zu einer Demokratisierung der Gesellschaft beitragen, ist eine ideologische Heilserwartung, die übrigens meines Wissens von den meisten Gruppendynamikern nicht geteilt wird.

Gruppenerfahrungen finden in einem solchen Praktikum einmal in sogenannten Trainingsgruppen, d. h. in unstrukturierten Kleingruppen bis zu 10—12 Mitgliedern statt, in denen der Teilnehmer lernen kann, wie sich eine Gruppe ohne vorgegebene Strukturierung bildet und erhält und welche Funktionen — oder Dysfunktionen — er beim Gruppenaufbau und bei der Gruppenerhaltung ausübt. Es gibt ferner alle Arten von Übungen im Sinne von Rollenspielen, Paarinterviews, Intergroup-Erfahrung, Entscheidungsübungen und nonverbalen Übungen zur Ausübung bestimmter Fertigkeiten (skills); ferner theoretische Sitzungen zur kognitiven Orientierung und Plenarversammlungen. Das ist ein Praktikum nach dem Typus des Sensitivity-Trainings. Außerdem gibt es den Typus des Organisations-Seminars, bei dem vor allem auf die Selbstorganisation der Teilnehmer Wert gelegt wird.

Eines der Ziele eines solchen Seminars besteht darin, die Bedeutung sozialer Rollen transparent zu machen; darin scheint sich mir die sozialpsychologische Dimension besonders plastisch abzuzeichnen: Auf der einen Seite, der individual-psychologischen und psychoanalytischen, wird es darauf ankommen, dem Teilnehmer seine Disposition zur Übernahme einer bestimmten Rolle nahezubringen, eine Disposition wie er sie aufgrund seiner Persönlichkeitsstruktur und besonderen Lernerfahrungen einbringt; wie zum Beispiel eine gewisse emotionale Vermeiderhaltung ihn dazu prädisponiert, in einer Gruppe habituell die Rolle des distanzierten Beobachters einzunehmen. Auf der anderen Seite, der soziologischen, wird es wichtig sein, wenn diesem „Beobachter" deutlich wird, daß eine Beobachterfunktion in einer ganz bestimmten fixierten sozialen Rolle und der damit verbundenen verfestigten Position Niederschlag gefunden hat, etwa in dem Beruf des Psychoanalytikers, wie diese objektive gesellschaftliche Tatsache unter anderem durch Vermittlung von Fachverbänden seine Motivationen und sein Handeln determiniert.

In dieser Dialektik von individualpsychologischer sowie psychoanalytischer und soziologischer Dimension sehe ich eines der Wesensmerkmale der Sozialpsychologie.

Aus psychoanalytischer Sicht wäre die habituelle Ausübung der Beobachter- und Interpreten-Funktion durch einen Psychoanalytiker als Teilnehmer in einem solchen Praktikum, seine weitgehende Spiegelhaltung, als professioneller Abwehr- und Schutzmechanismus zu betrachten, als ein Gefüge aus den Abwehrmechanismen der Isolierung, der Projektion und der Identifizierung mit dem Angreifer. In sozialpsychologischer Sicht würde zusätzlich interessieren, wie es durch Beeinflussung von seiten der sozialen Umwelt, also in unserem Falle zum Beispiel durch die prägende Kraft von psychoanalytischen Ausbildungsinstituten und von psychoanalytischen Fachorganisationen und den damit verbundenen Verhaltensnormen, Prestigedimensionen und indirekten Sanktionen zu dieser habituellen Beobachterhaltung oder zumindest zu ihrer Stabilisierung und Chronifizierung kommt.

Ich möchte nun an einem konkreten Beispiel einige zentrale Aspekte gruppendynamischer Prozesse diskutieren. Es handelt sich um ein gruppendynamisches Praktikum von 51 Personen, darunter 8 Trainern als Mitglieder des Leitungsstabs. Die 43 Teilnehmer des Praktikums setzten sich beruflich vornehmlich aus Psychologen, Soziologen, Psychoanalytikern, Sozialarbeitern und einigen Theologen zusammen.

Der Stab, zu dem ich selbst gehörte, hatte den Plan des community-building entwickelt, d. h. er wollte versuchen, daß es nicht nur zur Selbsterfahrung der Teilnehmer in den Trainingsgruppen ohne Beziehung zu den anderen Gruppen kommt; es sollte sich vielmehr eine Vorstellung von einer community und den Schwierigkeiten ihrer Entstehung entwickeln, die Teilnehmer sollten die damit involvierten Probleme der Konkurrenz und Kooperation, von Konsens und Dissens in Entscheidungsprozessen, von Einfluß und Macht, von Dependenz, Counterdependenz oder Interdependenz gegenüber dem Stab erfahren.

Der Bildung einer Minoritätsgruppe, auf die ich gleich zu sprechen komme, war unmittelbar eine passager mehr oder minder chaotische Situation im Plenum der einundfünfzig Beteiligten vorausgegangen. Der Stab hatte am 3. Tag des Seminars auf seine Macht zugunsten des Plenums insofern verzichtet, als er die weitere alleinige Programmgestaltung ablehnte. Bis dahin hatte der Stab inhaltlich wie formal das Programm ohne jede Mitwirkung von seiten der Mitglieder bestimmt.

Die Schaffung eines solchen Machtvakuums gehört eigentlich zu jedem gruppendynamischen Praktikum. Unterschiedlich ist nur der dafür gewählte Zeitpunkt des Machtvakuums und dessen Ausmaß. Konkret war es in diesem Machtvakuum nach einigem Hin und Her im Plenum zu einem zunächst funktionierenden Kooperationsmodell gekommen. Es hatten sich aus dem Plenum fünf Arbeitsgruppen mit acht bzw. neun Mitgliedern gebildet, die jede, wie auch der Stab als 6. Gruppe einen Vertreter (mit einer Art imperativen Mandats) in einen zentralen Delegiertenkreis schickte, in dem ferner ein freier Stuhl vorgesehen war, um jedem Teilnehmer der Arbeitsgruppen, der sich durch seinen Delegierten nicht richtig vertreten fühlte, Gelegenheit zur Korrektur zu geben.

Ich kann nur andeuten, wie der Keim des späteren Mißlingens schon im Ansatz dieses scheinbar gut funktionierenden Kooperationsmodells angelegt war. Es wurde zwar lebhaft zwischen den sechs Vertretern dieser Gruppen diskutiert, es wurden bisherige Prozeduren kritisiert, neue Vorschläge zur Gestaltung des gesamten Praktikums gemacht, auf den freien Stuhl setzten sich und diskutierten immer wieder neue Gruppenmitglieder. Es fiel jedoch folgendes auf: Die Vertreter wurden von ihren Gruppen in immer kürzeren Intervallen zu einer sogenannten Murmelpause zurückgerufen, und die Tatsache, daß der Vertreter von den meisten Arbeitsgruppen nach der Murmelpause ausgetauscht wurde, wies auf das bei den Gruppen bestehende Vertrauensproblem hin: die Delegierten waren nicht wirklich Repräsentanten ihrer Gruppe, die deren Vertrauen besessen hätten. Da die verschiedenen Interessen innerhalb der Gruppen und zwischen ihnen noch nicht genügend artikuliert waren, war die Gefahr natürlich groß, daß der sogenannte Vertreter gar nicht Bedürfnisse der Gruppenmitglieder vertrat; dieser Gefahr suchte man dadurch zu begegnen, daß man die Vertreter immer wieder austauschte. Das besagt unter anderem Aspekt: den Arbeitsgruppen war es nicht gelungen, einen Entscheidungsmodus zu finden. Der Stab beließ zwar seinen Vertreter, schenkte ihm aber ebenfalls nicht volles Vertrauen, gab ihm nicht das volle Mandat. — Auf die Fragen der Präsentation unterschiedlicher Interessen der Basis statt ihrer bloßen Repräsentation kann ich hier nicht näher eingehen. Auch die Präsentation ist wohl nur möglich, wenn die Bedürfnisartikulation weiter fortgeschritten ist.

Das Kooperationsmodell scheiterte, als es darum ging, einen Entscheidungsapparat zu bilden. Nach einer übergangsweisen chaotischen Situation löste sich das Plenum ohne jede gemeinsame Entscheidung für die Programmgestaltung der nächsten Tage auf — nur die Essenszeiten standen fest und eine Übereinstimmung darüber, daß die Trainingsgruppen weiterhin zweimal pro Tag abgehalten werden sollten —, und es formten sich aus der community vier Gruppen. Eine Majoritätsgruppe von dreiundzwanzig Mitgliedern, die eine Entscheidungs*übung* haben wollte und damit ihren Willen kundtat, die momentane Situation und ihre Hintergründe *nicht* zu analysieren; eine Gruppe mit neun Teilnehmern, die sich zur Aufgabe stellte, die Gruppendynamik unter ideologiekritischem Gesichtspunkt zu diskutieren, und zwei restliche Minoritätsgruppen von je sechs Mitgliedern, die zunächst gar kein Ziel hatten.

Die Majoritätsgruppe belegte einen eigenen abgetrennten Raum in dem Tagungsgebäude mit Beschlag und forderte zwei Trainer als Übungsleiter.

Die Ideologiekritik-Gruppe bezog ebenfalls einen eigenen Raum, der allerdings einen offenen Zugang zu dem dritten mittleren Raum hatte, in dem die beiden Minoritätsgruppen tagten. Zur Ideologiekritik-Gruppe gesellten sich interessanterweise gleich drei Trainer; anscheinend wurde diese Gruppe von einem Teil des Stabs als die „gefährlichste“ erlebt. Das stimmt ja wohl auch: Ideologiekritik, d. h. Kritik eines falschen Bewußtseins von einer sozialen Situation hat einen diese Situation verändernden Einfluß. In jeder psychoanalytischen Einzel- wie Gruppenbehandlung spielt die Arrodierung von Ideologien als Voraussetzung für das Umdenken des Patienten eine entscheidende Rolle.

Die eine der Minoritätsgruppen, bestehend aus mehreren Sozialarbeitern, wählte einen Trainer als eine Art Diskussionsleiter zu Problemen der Sozialarbeit aus; sie diskutierte weitgehend ohne Bezug zur momentanen Gesamtsituation im Praktikum.

Die andere Minoritätsgruppe, bestehend wie gesagt aus sechs Mitgliedern, hatte sich zum Kreis formiert und saß deutlich geknickt da. Ich trat an den Rand des Kreises und schaute zu. Daraufhin forderten mich mehrere auf, mich zu ihnen in den Kreis zu setzen und mitzutun. Ich ging darauf ein und deklarierte mich dabei selbst als Konsultant. Wir wollen gleich festhalten, daß diese Gruppe sich in einem entscheidenden Aspekt von den anderen drei Gruppen abhob. Sie war als einzige nicht themen- oder aufgabenzentriert, sie blieb unstrukturiert in bezug auf ein gemeinsames Thema und hielt sich eben dadurch für eine Prozeßorientierung offen, d. h. für die Reflexion auf die momentane Situation.

Acht Mitglieder des Stabs hatten übrigens miteinander vereinbart, weiter als Gruppe zusammen zu bleiben, jedoch ihre Mitglieder den sich im Seminar formierenden Gruppen und auf deren Wunsch in verschiedenen Funktionen zur Verfügung zu stellen.

Im weiteren Verlauf meiner Darstellung werde ich immer von „meiner“ Gruppe sprechen, was natürlich auch etwas über meine Gefühlsbeziehung zu dieser Gruppe aussagt; darauf werde ich noch kurz zu sprechen kommen.

Meine Gruppe bestand aus Mitgliedern im Alter von fünfundzwanzig bis fünfunddreißig Jahren mit vier Diplom-Psychologen, einem Sozialarbeiter und einem Theologen. Fünf Männer und eine Frau. Sie hatten im Zuge der Auflösung des Plenums zwei Mitglieder aus ihrer ursprünglichen Arbeitsgruppe von acht an die Gruppe mit den dreiundzwanzig Mitgliedern verloren.

Ich will jetzt in geraffter Form die alternierenden regressiven und progressiven Phasen dieser Gruppe schildern. Den Terminus Regression gebrauche ich hier nicht im streng psychoanalytischen Sinne als Rückkehr zu infantilem Verhalten, sondern einfach als Rückschritt im Gegensatz zum Fortschritt, als Festhalten, Haften am Alten gegenüber dem Wunsch zur Veränderung.

Die Mitglieder meiner Gruppe wirkten, wie gesagt, zunächst ziemlich betreten und niedergeschlagen. Resignation, Enttäuschung, Ratlosigkeit breiteten sich aus. Die Enttäuschung schien mir vor allem zwei Quellen zu entspringen: Enttäuschung darüber, daß ihr Kooperationsmodell nicht funktioniert hatte und damit das bisherige Ziel dieser Arbeitsgruppe irrelevant geworden war; nach dem Selbstverständnis dieser Arbeitsgruppe war *sie* es gewesen, die das oben erwähnte Kooperationsmodell vorgeschlagen und sich für dessen Durchführung eingesetzt hatte. Die Gruppe hatte ihr Ziel verloren. Die zweite Quelle der Enttäuschung entsprang der zunächst einmütigen Ansicht dieser Gruppe, daß die Majoritätsgruppe, interessanterweise als Spielgruppe bezeichnet, es sicher viel angenehmer hätte als sie selbst. Es wurde indirekt von mehreren die Frage gestellt, ob es nicht vielleicht besser sei, sich der Majoritätsgruppe anzuschließen.

In der anschließenden Phase wurde Ärger gegenüber den zwei „Abtrünnigen" — zwei Mitglieder hatten sich wie gesagt der Majoritätsgruppe zugesellt — geäußert, und es signalisierten sich Rachetendenzen gegenüber dieser Mehrheit, die im Sinne eines Vorurteils und in passagerer Verkennung der tatsächlichen Verhältnisse als alleinschuldig am Zerfall der community und am Mißlingen ihres Kooperationsmodells erlebt und verleumdet wurde: „Ich hätte große Lust, hinüberzugehen und die zu stören", meinte einer repräsentativ für die anderen. Ich erinnere in diesem Zusammenhang an ALLPORT (1954), der Verleumdung und Verallgemeinerung als die zwei Hauptmechanismen jedes Vorurteils herausgestellt hat.

Dem offenen und unzensurierten Zulassen dieser regressiven Gefühle war es wohl zu verdanken, daß sich meine Gruppe nun in einer progressiven Wendung auf ihre gegenwärtige Lage besann und überlegte, wie sie aus ihrer augenblicklichen mißlichen Situation herauskommen könnte. Sie stellten das Kooperationsmodell in Frage und begriffen dabei wenigstens im ersten Ansatz, daß sie *auch* einer Ideologie von Kooperation zum Opfer gefallen waren, einer Ideologie, auf die sie stolz gewesen waren. Sie hatten sich in dem Glauben gewiegt, daß die Kooperation innerhalb der Arbeitsgruppen und zwischen ihnen bereits vollzogen sei, sie hatten Kooperation als eine Art Voraussetzung und nicht als ein schwer zu erreichendes Ziel aufgefaßt. Es war ihnen nicht klar gewesen, daß es keine einigermaßen haltbare Kooperation zwischen einzelnen innerhalb einer Gruppe und zwischen Gruppen ohne vorherige Macht- und Konkurrenz-Auseinandersetzung geben könne. Vor allem hatten sie es versäumt, einen Entscheidungsapparat zu entwickeln, der erst die Voraussetzung für das Gelingen von Kooperation bildet. Sie hatten ihre *Idee* der Kooperation mit deren Realisierung verwechselt. Nebenbei gesagt: unklar blieb allen sechs Mitgliedern bis zum Schluß, daß ihre Ideologie von Kooperation auch eine Rechtfertigung einer gewissen mangelnden Durchsetzungskraft dieser Gruppe entsprang, daß sie aus der Not des Sich-nicht-durchsetzen-könnens die Tugend der Kooperation gemacht hatten.

Ferner wurde der Gruppe deutlich, daß sie zur Zeit keine Kommunikation zu den anderen Gruppen hatte, und es wuchs das Bedürfnis, Verbindung zu den anderen Gruppen aufzunehmen.

Genau an diesem Punkt kam es wieder zu einer regressiven Wendung: einige Mitglieder erinnerten an den Abfall von zwei Mitgliedern der Arbeitsgruppe; Mißtrauen breitete sich aus. Es wurde lachend, aber im Grunde ernst gefragt: „Wem können wir trauen, daß er auch wieder zurückkommt, wenn er jetzt zu den anderen Gruppen geht?" Dabei war deutlich, daß die meisten vor allem an die Majoritätsgruppe und den gleichsam von ihr ausgehenden Sog dachten, d. h. in Wirklichkeit sich selbst nicht ganz sicher waren, ob sie nicht lieber durch Flucht in den Schoß der Mehrheit den in dieser Gruppe auftauchenden Mißgefühlen ein Ende bereiten sollten.

Nachdem dieses Mißtrauen offen zugegeben und durchgesprochen worden war, stellte sich zum ersten Mal eine stärkere Kohäsion der Gruppe her, die sich in folgenden Zeichen kundtat: die Mitglieder kümmerten sich mehr um die Meinung der anderen, sie konnten dem anderen besser zuhören, sie tendierten mehr dahin, auch Zusammenfassungen vom Stand der Diskussion zu geben. Der allgemeine Tenor war: wir möchten doch zusammenbleiben, wir fühlen uns einander verbunden und dies jetzt nach all dem Ungemach mehr noch als früher. Schnell erzielte die Gruppe Konsens darüber, je zwei Vertreter für eine halbe Stunde zu den anderen Gruppen zu schicken und den Stand der Dinge zu beobachten, eventuell auch Kontakt mit ihnen aufzunehmen.

Pünktlich nach dreißig Minuten kehrten die Vertreter der Gruppe wieder in den Kreis zurück und berichteten von ihren Beobachtungen und Erfahrungen. Die Gruppe mit der größten Teilnehmerzahl war zu keinerlei Kontakt bereit, ihre Mitglieder ließen zwar die Beobachter zu, reagierten aber zum Teil ärgerlich-abwehrend auf den Versuch der Kontaktaufnahme. Die Ideologiekritik-Gruppe reagierte sogar auf die bloße Beobachtung ärgerlich-abweisend. Nur die zweite Minoritätsgruppe lud die zunächst außerhalb ihres Kreises stehenden Beobachter meiner Gruppe ein, im Kreis Platz zu nehmen und mitzudiskutieren, was sie auch taten.

Im Anschluß an die Mitteilungen der Beobachter trat wieder ein regressiver Umschwung ein. „Wir haben jetzt einen Informationsvorsprung vor den anderen", sagte einer. „Wir haben jetzt also mehr Macht als die anderen", fuhr ein zweiter fort, und es entspann sich ein etwas gedrücktes Gespräch über Macht, wobei mir deutlich wurde, daß im Moment alle Mitglieder dieser Gruppe Macht als bloß negativ, als böse und verderblich erlebten. Ich hatte an dieser Stelle interveniert und eine Vermutung geäußert der Art, daß sie alle nur an eine bestimmte Art Macht, genau genommen an coercive power d. h. an die Fähigkeit von A, B zu belohnen oder zu bestrafen (BENNIS, 1966) dachten, daß es ja vielleicht auch andere Formen von Macht gäbe. Diese Vermutung wurde bestätigt, und es folgte eine nicht mehr gedrückte, im Gegenteil allmählich eher lebhafte Diskussion über verschiedene Formen, Macht auszuüben, Macht verstanden als die Fähigkeit zu beeinflussen. Es stellte sich jedoch bald eine gewisse Resignation ein, als einer der Teilnehmer äußerte: „Die wollen ja gar keine Kooperation"; gemeint waren die Majoritätsgruppe und die Ideologiekritik-Gruppe. Interessanterweise kam keiner in dieser Gruppe auf den Gedanken, eine Koalition mit der anderen Minoritätsgruppe zu bilden oder in irgendeiner Form mit ihr zu kooperieren. So endete die Vormittagssitzung — inzwischen war die Essenszeit herangerückt — mit einer wenn auch nicht sehr starken allgemeinen Enttäuschung und Ratlosigkeit.

In der Nachmittagssitzung stellte sich dann heraus, daß zwei Mitglieder dieser Gruppe zusammen mit einem Teilnehmer einer anderen Gruppe als Autorenkollektiv „Frustriert und Fröhlich", ein Handbuch für Trainer verfaßt hatten. Auf zwei Seiten waren hier in sechsundsechzig Punkten die am häufigsten in den verschiedenen Gruppen dieses Praktikums vorkommenden Redewendungen gesammelt. Ich fand dieses „Handbuch" äußerst witzig und humorvoll, da es zum Teil auch die in einem solchen Seminar auftretenden Sprech-Stereotypien karikierte. Aber meine Gruppe bzw. die vier nicht daran Beteiligten fanden es gar nicht witzig; sie konnten diesen zweifelsohne produktiven Beitrag als Versuch der Bewältigung einer frustrierenden Situation durch literarische Sublimierung überhaupt nicht goutieren, zunächst wenigstens nicht. Es wurde sofort die Vertrauensfrage gestellt: „Wie konnte sowas geschehen, ohne daß man uns fragt oder beteiligt!?", äußerte einer. Nach einigem Hin und Her entschuldigten sich die beiden in netter Weise bei den anderen für ihre Eigenmächtigkeit, sie wiesen aber gleichzeitig darauf hin, daß sie ihr Werk ganz gelungen fänden und luden die anderen zur Begutachtung ein. Es entstand langsam ein gewisser Stolz der Gruppe darauf, daß zwei der ihren ein solches Werk zustandegebracht hatten und daß es wieder ihre Gruppe war, die, jetzt via Handbuch, einen (literarischen) Bezug zum Plenum hergestellt hatte. Die Gruppe nahm das Werk der beiden gleichsam als Gruppenleistung an.

Danach erhob sich wieder die immer noch ungeklärte Frage: Was jetzt tun!? Nach einer Intervention von mir gelangten die Mitglieder dahin, über die Bedeutung dieser Frage zu reflektieren. Ist gemeint: was sollen wir jetzt tun? oder: was können wir jetzt tun? oder: was wollen wir jetzt tun? Es wird deutlich, daß diese Gruppe, die das Kooperationsmodell entworfen und teilweise als Ideologie erkannt hatte, immer noch unter einem gewissen Soll= oder Normendruck im Sinne des „Wir sollen kooperieren“ stand und der Artikulierung eigener Bedürfnisse im Sinne des „Was will ich tun“ bzw. dann „was wollen wir tun“ eher auswich.

Es wurden anschließend Vertreter ausgesandt, um die anderen Grup= pen zu fragen, wann sie ihre Tätigkeiten abschließen wollten, und um mitzuteilen, daß diese Gruppe den Wunsch habe, sich wieder im Plenum zu treffen und dort die eigenen Erfahrungen mit denen der anderen Gruppen auszutauschen. Als die anderen Gruppen diesem Vorschlag zustimmten, entspann sich nochmals in meiner Gruppe eine Diskussion darüber, wie man ins Plenum zurückberichten sollte: ob einer für alle sprechen sollte oder alle nacheinander, ob man alle erlebten Gefühle mitteilen sollte oder nicht, ob man sich vorher auf einen Text festlegen wollte oder ob es jedem frei überlassen sein sollte zu sagen, was er möchte. Da Dissens über das Wie der Vertretung der Gruppe im Plenum und über das Was der Mitteilung ans Plenum herrschte, einigte man sich unter dem Druck der Zeit darauf, daß jeder frei sei, seine Gefühle und Erfah= rungen dem Plenum mitzuteilen, wobei Äußerungen wie „die sollen ruhig was lernen“ oder „die können was von uns lernen“ das sicher mehrfach determinierte Bedürfnis signalisierten, „die“ — gemeint ist vor allem die Majoritätsgruppe — pädagogisch zu beeinflussen. Ein ge= wisses Sendungsbewußtsein als sublimierte überkompensierte Form eines mit Ohnmachtsgefühlen verbundenen Minoritätsbewußtseins schien mir unverkennbar.

Ich habe bisher so getan, als gäbe es nur die Gruppe und nicht die einzelnen Mitglieder in der Gruppe. Ich habe versucht, den Prozeß mei= ner Arbeitsgruppe zu schildern und dabei die exogenen, situations= bedingten Motivationen der Gruppe und gelegentlich einzelner Mit= glieder aufleuchten zu lassen. Wenn von Enttäuschung, Ratlosigkeit, Ärger, Rachetendenzen, Mißtrauen, Bedürfnis nach Kommunikation, Machttendenzen und ähnlichem die Rede war, so war quasi immer im= pliziert, daß solche Gefühle und Motive aus der Interaktion zwischen Individuum bzw. Gruppe und Umwelt, in diesem Fall dem gruppen= dynamischen Praktikum entspringen. Dies ist das gruppendynamische Konzept von Motivation: es meint eine Tendenz, auf Lohn und Strafe bzw. deren Antizipation zu antworten, und es betont die Charakteri= stiken des totalen sozialen Systems; der einzelne ist als motivierende Kraft ein Teil dieses Systems, das Motivationssystem des Individuums ist dagegen abzugrenzen. Um nicht falsch verstanden zu werden, ich spreche von einer Akzentuierung in dieser Richtung.

Das psychoanalytische Konzept von Motivation betont den endogenen Charakter von Struktur, Prozeß und Motivation. Das Antriebs= oder Motivationsmodell der Psychoanalyse besagt, daß, zumindest beim

Erwachsenen, die Motive endogen bedingt sind, d. h. weitgehend unabhängig von den Bedingungen der sozialen Umwelt sind. Motivation entsteht danach als Ergebnis des Energie-Austausches verschiedener ineinander verzahnter Systeme, vor allem der Antriebssubstruktur und der Abwehr- und Steuerungssubstruktur, und sie entsteht *im* Individuum (RAPAPORT 1959). Unter genetischem Aspekt freilich betrachtet auch die Psychoanalyse die Motivationsstruktur als im Sozialisationsprozeß entstanden, also in der Interaktion Kind-Eltern, wobei die Eltern als Agenten der Gesellschaft fungieren.

Ich schildere jetzt noch kurz, wie sich die einzelnen Mitglieder meiner Gruppe entsprechend der Eigenart ihrer Individualstruktur* im Prozeß der Gruppe verhielten. Die einzige Frau dieser Gruppe hatte aufgrund ihrer vorwiegend hysterischen Struktur auf den ersten Gedanken in der Gruppe, man könnte ja Verbindung zu den anderen Gruppen aufnehmen, propulsiv reagiert. Ohne zu überlegen, stand sie auf: „Ich geh' gleich mal zur Gruppe nebenan", und war schon auf dem Weg dahin. Die anderen riefen sie sofort zurück. Wegen dieser eigenmächtigen Art, als Gruppenmitglied in einer die ganze Gruppe betreffenden Angelegenheit ohne Gruppenberatung und Gruppenentscheid zu handeln, war gerade sie es, die in der Gruppe das Mißtrauen auslöste, es könnte schon wieder ein Mitglied die Gruppe verlassen. Andererseits trug sie jedoch mit ihrer Initiativebereitschaft entscheidend zur Kontaktaufnahme mit den anderen Gruppen bei.

Ein zwanghaft strukturiertes Mitglied mit einer Werthierarchie, in der Dauer, Kontinuität, Ordnung und Korrektheit an oberster Stelle stehen, „schnappte" immer dann „ein" und wurde aktiv, wenn einer aus der Reihe der Gruppe tanzte. Er war es, der tiefgekränkt über den Alleingang der zwei Handbuchverfasser die Vertrauensfrage stellte und in einer etwas legalistischen Weise immer wieder als eifernd-überwachend Partizipierender (HEIGL-EVERS 1966, 67, 68) über die Kohäsion der Gruppe wachte, sie aber andererseits gerade dadurch festigte.

Eine andere, depressiv strukturierte Persönlichkeit leitete fast regelmäßig den Selbstbesinnungsprozeß der Gruppe ein, jedoch in der zu dieser Struktur gehörigen etwas selbstanklagenden, „masochistischen" Weise. Ausdrücke wie „wir sind ja selber schuld" oder „das haben wir nur uns selber zuzuschreiben" hatten zunächst einen etwas niederdrükkenden Effekt, bis es der Gruppe gelang, einen konstruktiveren, selbstkritischen Ansatz zu finden.

Eine andere, vorwiegend zwanghafte Persönlichkeit mit ausgeprägter

* Wenn im folgenden die Termini schizoid, depressiv, zwanghaft und hysterisch in bezug auf die Persönlichkeitsartung der Gruppenmitglieder verwandt werden, so ist dabei an Normalformen menschlichen Verhaltens gedacht; nur ihre Extremvarianten sind als neurotisch zu betrachten.

Leistungsideologie und starken latenten Konkurrenzstrebungen war immer wieder ein Stimulator für die Gruppe, um mehr zu lernen, um die anderen Gruppen zu übertreffen, ja ein gewisses Elitebewußtsein in dieser Gruppe zu fördern. Er hatte auch das „Handbuch" mitverfaßt und war immer wieder bemüht, ein Kooperationsmodell zu schaffen, das für die anderen Gruppen vorbildlich sein würde.

Ein zwanghaft-depressiv strukturiertes Mitglied der Gruppe mit einer gewissen emotionalen Vermeiderhaltung beteiligte sich zwar weder viel noch lebhaft an der Gruppendiskussion, brachte aber gelegentlich äußerst treffende und hilfreiche Beiträge zur Diagnose des Gruppenprozesses. In seiner etwas distanzierten Art hatte er mehr als die anderen den Prozeß der Gruppe im Auge.

Der 6. Teilnehmer der Gruppe schließlich war eine schizoide Persönlichkeit. Er beteiligte sich am wenigsten in der Gruppe, hüllte sich vielmehr große Strecken in Schweigen. Mehrmals mußte ich die Gruppe auf ihr schweigendes Mitglied aufmerksam machen. Meist trat dann zutage, wie es regelhaft bei habituell schweigenden Mitgliedern einer Gruppe der Fall ist, daß er in schweigenden Protest getreten war und zwar jedesmal dann, wenn man ihn nicht ausdrücklich angesprochen und um seine Meinung gefragt hatte. Es war *sein* (schizoides) Problem, daß er immer auf die Gefühls- und Kontaktinitiative der anderen wartete und, wenn sie nicht erfolgte, sich gekränkt zurückzog und schwieg. Das Problem der *Gruppe* aber war es, daß sie ihr schweigendes Mitglied einfach vergaß, es links liegen ließ und sich damit genau so verhielt, wie die Majoritätsgruppe des Praktikums gegenüber meiner Minoritätsgruppe. Die Minorität, in diesem Fall das schweigende Mitglied, wurde einfach übergangen, und man beraubte sich damit selbst der in dieser Minorität liegenden Ressourcen. Als nämlich meine Gruppe den Schweiger ansprach, traten zwar Gekränktheit und Groll zutage, er entwickelte aber bald auch konstruktive Vorschläge. Die Majorität meiner Gruppe hatte ihr Minoritätsproblem ebensowenig gelöst, wie die Majoritätsgruppe des Seminars. Die Lösung kann nur so aussehen: zu versuchen, den Außenseiter oder die schwache Minorität einzubeziehen, ohne sie zur Konformität zu zwingen, daß man ihn anspricht, seine Gefühle der Kritik und des Protestes zuläßt und sich damit auseinandersetzt und ihn als Protestierenden in die Gruppe aufnimmt.

Gut gelungen war meines Erachtens in dieser Gruppe die Funktionsverteilung. Aufgrund der unterschiedlichen Individualstrukturen der Mitglieder war eine breite Funktions- und Rollenverteilung (siehe auch Heigl-Evers 1966, 1967 u. 1968) entsprechend der Vielfalt der Aufgabe möglich:

Es gab den Normenhüter der Gruppe, der auf die Kontinuität, den Zusammenhalt und die Abgrenzung der Gruppe nach außen achtete. Es gab umgekehrt die propulsive Frau, die zu schnellem Kontakt mit anderen Gruppen und damit zur Öffnung nach außen motiviert war. Die Gruppe hatte ferner ein Mitglied zur Verfügung, das immer wieder die nötige Selbstbesinnung und Selbstkritik einleitete, also eine Art Gewissensfunktion ausübte. Von einem der Mitglieder wurde die Beobachtungs- und diagnostische Funktion ausgeübt; und auch die Funktion, aufgabenzentriert auf Leistung und Produktivität zu achten, kam nicht zu kurz. Der Außenseiter schließlich zeigte die für alle Gruppen wichtige Funktion der Kritik und des Protestes, eines Protestes zum Beispiel dagegen, daß sich die Gruppe um einen ihrer Mitglieder nicht mehr kümmert, daß sie die Zurückhaltenderen oder Schwächeren übergeht und ausschließt.

Vielleicht darf ich noch kurz schildern, wie ich als Konsultant von meiner Gruppe in Anspruch genommen wurde. Im ganzen bestand ein hoher Grad an Interdependenz, man akzeptierte mich als mögliche Hilfsquelle, die Gruppe fragte mich, stimmte meinen Vermutungen zu oder widersprach ihnen, differenzierte und modifizierte. In gewissen Phasen versuchten jeweils einzelne oder die ganze Gruppe, mich aus meiner Konsultanten-Rolle herauszuholen. Nahmen Enttäuschung und Ratlosigkeit der Gruppe überhand, so versuchte sie, mich als richtungsweisende Autorität zu benützen. In Phasen unterschiedlicher Meinung der Mitglieder und vor Gruppenentscheidungen versuchten einige, mich vor ihren Wagen zu spannen; ich sollte Zünglein an der Waage sein, oder ich sollte gleichsam als Vollmitglied in die Gruppe integriert werden und den Bezug zur Trainergruppe aufgeben; das geschah häufig dann, wenn das Bedürfnis nach größerer Nähe unter den Mitgliedern wuchs. — Ich blieb jedoch bei meiner diagnostischen Funktion, ich deckte bei den Mitgliedern Lücken in der exakten Phantasie auf, ich steuerte zur Meinungsbildung bei, indem ich eigene Beobachtungen und Eindrücke schilderte, ich interpretierte, d. h. zog Schlüsse aus den Äußerungen der Mitglieder, aber ich enthielt mich jedes aktiven Rates im Sinne von: Machen Sie doch dies oder jenes!

Zu den strukturierenden Elementen des Prozesses dieser Arbeitsgruppe gehörten zweifelsohne auch meine Gefühle während der Konsultantentätigkeit. Ich empfand schon nach kurzer Zeit der Zusammenarbeit mit Freude, daß ich endlich wieder gezielt Einfluß nehmen konnte, nach der in dieser Hinsicht vorangegangenen Frustration. Ich erlebte zunehmend Befriedigung über diese Kooperation und deutliche Sympathie allen Gruppenmitgliedern gegenüber, außer gegenüber dem Außenseiter. Auch ich verspürte bei mir eine Tendenz, diesen mißmutigen Schweiger links liegen zu lassen, ich sympathisierte also mit der Mehrheit meiner Gruppe. Da ich weiß, wie entscheidend wichtig es für eine Gruppe ist, gerade eine schwächere, machtlose Minorität, einen Außenseiter oder Sündenbock ins Gruppengeschehen einzubeziehen, nahm ich mein ablehnendes Gefühl gegenüber dem Außenseiter zum Anlaß, die Gruppe auf ihr schweigendes, abwesendes Mitglied aufmerksam zu machen.

Wenn ich immer von *meiner* Gruppe sprach, so hat das einmal mit meinem Zugehörigkeitsgefühl zu ihr zu tun, sicher aber auch mit einer Art Elitebewußtsein im Sinne von: meine Gruppe macht es besonders gut, sie arbeitet, lernt besonders effektiv, sie ist die einzige Gruppe, die den Gruppenprozeß analysiert.

Ich möchte nun noch versuchen, aufgrund des vorgetragenen Beispiels und sonstiger Erfahrungen mit anderen Kleingruppen wie Selbsterfahrungsgruppen, Trainingsgruppen, therapeutischen Gruppen und Lehr- und Lerngruppen allgemeinere Thesen zum Problem der Minorität aufzustellen:

1. Eine Minoritätsgruppe kann zu Beginn ihrer Entstehung nicht produktiv orientiert sein. Der Drang, sich mit eigenen regressiven Gefühlen und Verhaltensweisen auseinanderzusetzen, ist überwältigend, ebenso wie die defensive Notwendigkeit gegenüber der Majorität.
   In der Gruppenposition des ohnmächtigen Protestes mit den Rollen des Außenseiters, des Prügelknaben oder des Sündenbocks kann man im allgemeinen nicht lernen (HEIGL und HEIGL-EVERS 1971). Lernen wird dabei definiert als der Prozeß, durch den Verhalten aufgrund von Interaktionen mit der Umwelt oder Reaktionen auf eine Situation relativ dauerhaft entsteht oder verändert wird (HILGARD und BOWER 1966, SKOWRONEK 1969).
2. Der Außenseiter oder die schwache Minorität können nur progressiv sein, wenn sie sich mit ihren regressiven Gefühlen und Verhaltensweisen offen und auf sich selbst reflektierend auseinandersetzen. Die regressiven Gefühle treten auf, weil der Ausschluß aus oder die Absonderung von der Majorität den Verlust der Zugehörigkeit zum Kollektiv und seiner strukturierenden Kraft bedeutet, also destrukturierend wirkt und damit bisher gängige patterns in Frage stellt. Anders gewendet: Der soziale Ostrazismus von seiten der Majorität weckt in der schwachen Minorität archaische Impulse, die sonst um der Zugehörigkeit zu einer größeren Gruppe willen abgewehrt werden.
   Vom genetischen und dynamischen Aspekt her gesehen werden beim Außenseiter durch Ostrazismus alle jene Regungen provoziert, auf die der Betreffende als Kind um der Liebe der Eltern willen verzichtet hat. Wenn diese „Liebe" im Sinne des Aufgehobenseins in einer Gruppe durch Versetzung in die Außenseiter-Position entzogen

wird, entfällt quasi auch die Notwendigkeit, auf die bisher verdrängten Antriebe und Bedürfnisse zu verzichten.

3. Auch die schwache Minoritätsuntergruppe zeigt wie die Majoritätsuntergruppe das Einstellungsgefüge des Vorurteils mit seinen beiden Hauptmechanismen Verleumdung und Übergeneralisierung (ALLPORT 1954). Meine Arbeitsgruppe zum Beispiel war, zumindest phasenweise, der festen Meinung, die Mehrheitsuntergruppe sei schuld am Zerfall des Plenums und am Scheitern des von ihr erarbeiteten und vorgeschlagenen Kooperationsmodells. Auch die Übergeneralisierung war zu beobachten in Form der in der Gruppe herrschenden Vorstellung: die wollen ja gar nicht kooperieren. Meine Gruppe hatte dabei gar nicht bedacht, daß die Majorität während ihrer Übungen natürlich nicht kooperieren wollte und sie hatte die ärgerlich-abwehrende Haltung *einer* Subgruppe dieser Majorität verallgemeinernd für deren Gesamtheit und für die Gesamtdauer des Seminars genommen.

4. Minoritätsuntergruppen zeigen im allgemeinen ebenso wie Majoritäten den Mechanismus, einen Sündenbock für Frustrationen zu suchen. Nach ALLPORT (1954) ist dieser Mechanismus nur eine Extremvariante der zu jeder Vorurteilseinstellung gehörigen Anschwärzungs- und Verleumdungstendenz. Der Terminus, jemand zum Sündenbock machen, wird im allgemeinen nur als Aktion gegenüber der Minorität verstanden. Doch wird dieser Mechanismus auch in umgekehrter Richtung eingesetzt, allerdings, und das ist der Unterschied, meist nur als Tendenz und nicht als Handlungsvollzug.

   In meiner Minoritätsuntergruppe äußerte ein Mitglied: „Ich hätte große Lust hinüberzugehen (d. h. zur Majoritätsuntergruppe) und die zu stören", worauf mehrere zustimmend nickten. Wenn das Machtgefälle zwischen Majorität und Minorität sehr groß ist, bleibt es dann jedoch bei der bloßen Tendenz ohne Übergang in Handlungsvollzüge.

5. Der Außenseiter oder die schwache Minorität vertritt eine neue Sicht der Dinge, neue Einstellungen oder Verhaltensweisen in einer Form, die unter den Aspekten der Majorität (zunächst) willkürlich erscheint, d. h. die bisher in der Gruppe geltenden Spielregeln, Normen und Gesetze verletzt. Die Minorität bewegt sich nach ALLPORT (1954) „on the fringe of conservative values", am Rande konservativer Werte, sie ist „off center", liegt abseits von der geltenden Werthierarchie und bedeutet daher eine Bedrohung für die Majorität. In unserem Fall hätte die Minorität mit ihren Racheimpulsen — Rache als Antwort auf die Verwerfung des ihnen am Herzen liegenden Kooperationsmodells — „am Rande konservativer Werte" ge-

standen. Wäre es in diesem Stadium zu einer Konfrontation mit der Majoritätsuntergruppe gekommen, so hätte es mit Sicherheit eine negative Eskalation gegeben.

Der Außenseiter einer *therapeutischen* Gruppe, oft in der Rolle des Sündenbocks, Hofnarren oder Prügelknaben (Merl 1968), zeigt Impulse, die der Majorität fremd sind, in einer zunächst infantilen, archaischen, ungesteuerten Form. Eben dies ängstigt die Majorität und treibt sie zu vermehrter Abwehr und stärkerem Gegendruck.

6. Die Beziehung von Majorität und Minorität (in Kleingruppen zumindest) ist, worauf Annelise Heigl-Evers (1967 und 1968) hingewiesen hat, meist die einer reziproken Repräsentanz der Latenz. Die Minorität repräsentiert Aspekte des latenten, von der Majorität abgewehrten Erlebens, vereinfacht ausgedrückt: Es-Impulse der Majorität; die Majorität repräsentiert Aspekte des unbewußten Wertsystems der Minorität, in Vereinfachung gesprochen deren eigenes Über-Ich oder Ideal-Ich.

7. Der Majorität fällt es schwer, ein Problembewußtsein dafür zu entwickeln, daß die willkürlichen oder teils destruktiven Verhaltensweisen der Minorität *auch* ihren eigenen latenten Bereitschaften entsprechen; der Minorität fällt es schwer, in den von der Majorität vertretenen Wertsystemen *auch* eigene Anteile solchen Werterlebens zu erkennen.

8. Eine negative Eskalation zwischen Majorität und Minorität findet statt, wenn sich die Mitglieder der beiden Subgruppen nicht mehr miteinander identifizieren können, wenn sie einander nicht mehr verstehen können oder wollen. Es kommt zur Entfremdung zwischen den Subgruppen; sie machen sich gegenseitig zum Ding und behandeln sich wie Dinge. So hatten die Mitglieder meiner Gruppe lange Zeit nur in einem abwertenden Sinne von der Spielgruppe oder „denen da drüben" gesprochen, ohne die Mitglieder dieser Gruppe als Personen sui generis zu unterscheiden. Die einzelnen Teilnehmer der Majoritätsgruppe existierten für die Mitglieder meiner Gruppe zunächst nur noch als entfremdete Gruppe, als gemeinsamer Feind (im Sinne von Sherif 1953), der den Zerfall der community verschuldet hatte.

Keiner der Teilnehmer in meiner Arbeitsgruppe machte zunächst den Versuch, den ihm bekannten Mitgliedern dieser Gruppe nachzufühlen, warum sie sich zu diesen Übungen entschlossen hatten, keiner versuchte, zu ihnen Kontakt aufzunehmen. Ebensowenig gab es Anzeichen dafür, daß sich Mitglieder der Majoritätsgruppe um das Erleben der Mitglieder der Minoritätsgruppe Gedanken machten.

9. Ist es erst einmal aufgrund einer solchen negativen Eskalation soweit gekommen, daß die Mitglieder beider Gruppen einander nicht

mehr verstehen und sich gegenseitig zu „Dingen" gemacht haben, dann scheint Tür und Tor für alle Formen der Gewalt geöffnet zu sein, und jede der beiden Gruppen fühlt sich im Recht, im Recht nämlich der Notwehr. Als *Tendenz* war dies auch in meiner Arbeitsgruppe vorhanden. Immer wieder tauchten Rachetendenzen auf. Diese Tendenzen waren u. a. dadurch gemildert, daß ein solches Praktikum zwar emotionelle, aber keine sozioökonomischen Konsequenzen hat.

10. Es scheint so zu sein, daß eine Gruppe im Stadium der Frustration zur Verstärkung ihrer Kohäsion, ihres Zusammengehörigkeitsgefühls, eines Außenseiters oder einer Minoritätsgruppe geradezu bedarf. Darauf hat schon ISAAC (1933) hingewiesen. Ich bin überzeugt, daß auch in der geschilderten Minoritätsuntergruppe die Existenz des schizoid-strukturierten Außenseiters kohäsiv wirkte.

11. Für die kreative Funktion einer Minoritätsgruppe, d. h. für ihre potentielle Fähigkeit, neue Einstellungen auch bezüglich der Wertkategorien und neue Verhaltensweisen zu initiieren, unter Umständen Veränderungen in Institutionen oder in Teilbereichen der Gesellschaft zu bewirken, scheint es mir folgende Kriterien zu geben:

    a) Wenn bei aller Gegeneinstellung gegen die von der Majorität vertretenen Werte, Einstellungen und Verhaltensweisen auch distinkte Ziel- und Handlungsvorstellungen zu entdecken sind, dann ist dies ein Zeichen für eine kreative Funktion.

    b) Wenn sich beim Kampf gegen die Majorität eine ausgesprochene Funktionsverteilung in der Minorität abzeichnet, d. h. die Minoritätsgruppe eine funktionsfähige Organisationsform entwickelt, dann ist dies ein Kriterium für einen prospektiv-positiven Ansatz der Minorität.

    c) Wenn eine Minoritätsgruppe wieder und wieder auf sich selbst reflektiert, ständige Selbstkritik im Sinne der Bewußtseinsbildung über die Beziehung der Minorität zur Majorität und über die Vermittlung von Situationsanalyse, Zielvorstellung und praktischem Handeln betreibt, dann ist dies ein Zeichen für das Bedürfnis nach einer höheren Bewußtseinsstufe und damit ein Kriterium für eine kreative Funktion.

    d) Wenn die Minoritätsgruppe auch ihr eigenes Minoritätsproblem behandelt und ihren Außenseiter oder ihre Minorität nicht einfach links liegen läßt oder ausscheidet.

    e) Wenn die Minoritätsgruppe versucht, die Majorität in ihrem Standpunkt und in ihrer Interessenlage zu verstehen, sich also in sie einfühlt, einmal um der Verständigung willen, und dann, um Ansätze für das eigene Handeln daraus abzuleiten.

Ich komme zum Schluß. Ich habe versucht, die Verhaltens- und Prozeß-Sequenz einer Minoritätsgruppe in einem gruppendynamischen Praktikum darzustellen.

Ich bin dabei auch auf das Verhältnis psychoanalytischer und sozialpsychologischer Dimensionen (siehe dazu Lieberman et alii 1969) eingegangen. Die Psychoanalyse hat sich vor allem für die intrapsychischen Bezüge und die Triebdeterminanten menschlichen Erlebens und Verhaltens interessiert. Unter psychoanalytischen Aspekten, vor allem den topographischen, dynamischen und strukturellen, wird der Mensch vornehmlich als psychologische Entität, als internalisiertes System gesehen, wobei die Internalisierung unter dem genetischen Aspekt über Sozialisationsprozesse, besonders im Bereich der Familie, vermittelt wird. Immer wurde in der psychoanalytischen Beobachtung der Akzent auf die unbewußten, irrationalen Determinanten des Verhaltens von Menschen und Gruppen gelegt. Ein Basisprinzip des psychoanalytischen Denkens ist die Symbol-Transformation. „Die anderen" in einer Gruppe werden hauptsächlich als Symbolfiguren gesehen, d. h. das tatsächliche Verhalten der Gruppenmitglieder ist nicht so wichtig wie das, was sie symbolisch repräsentieren, was sie als Übertragungsfiguren bedeuten.

So werden von einigen Gruppenanalytikern Individuum-zentrierte in der Einzelanalyse gewonnene Konzepte auf die Gruppe als Ganzes ausgedehnt (Argelander 1963/64; Bion 1961); die Gruppe wird als durch eine gemeinsame Übertragung auf den Leiter homogenisiertes Ganzes gesehen, das ein bestimmtes Übertragungsstadium aufweist.

Ich teile diese Auffassung nicht; denn in dieser Auffassung wird die Pluralität d. h. die spezifische Eigenrealität der Gruppe geleugnet, wonach sie etwas *anderes* ist als die Summe ihrer Teile; in dieser Konzeption wird der einzelne außerdem nur als symbolische Übertragungsfigur und nicht mehr als eine Person in his own rights betrachtet.

Unter sozialpsychologischem Aspekt dagegen wird auf die Interaktion der Individuen im Gruppenkontext zentriert. Die Betonung liegt auf den *objektiven* Charakteristiken „der anderen" in der Gruppe. Die Einflüsse von Macht, Status, Norm, Rolle, Integration, Kohäsion auf das Verhalten und die Beziehungen der interagierenden Gruppenmitglieder sind für den Sozialpsychologen äußerst bedeutungsvoll; er sieht sie als die primären Determinanten individueller Antworten und sozialen Verhaltens an.

Pointiert dargestellt zeigt jedes der beiden Systeme, das psychoanalytische und das sozialpsychologische, eine Art der Betrachtung von menschlichem Verhalten, die für das jeweils andere System nahezu irrelevant ist. Das drückt sich u. a. in der Inkongruenz der angewandten Konzepte und Begriffe aus. Für sozialpsychologische Begriffe wie Kohäsion, Rolle, Status, Norm, Macht, exogene Motivation gibt es in der psychoanalytischen Begriffswelt meines Wissens keine Äquivalente. Für psychoanalytische Konzepte wie Selbst, Ich-Identität, endogene Motivation, Abwehrmechanismen, Übertragung und Gegenübertragung fehlen entsprechende Begriffe in der Sozialpsychologie.

Es ist jedoch in den letzten Jahren von beiden Seiten eine Annäherung erfolgt. Von sozialpsychologischer Seite haben zum Beispiel Dorothy Stock Whitaker und Lieberman (1964) psychoanalytische Konzepte in ein Gruppen-Konflikt-Modell einbezogen und haben damit die Sozialpsychologie um ein Gruppenmodell für seelische und soziale *Dys*funktionen bereichert, das meines Wissens bis dahin fehlte.

Von psychoanalytischer Seite haben sich u. a. Heigl-Evers (1966, 67 u. 68) und Heigl (1970 u. Heigl/Heigl-Evers 1971) seit Jahren bemüht, psychoanalytische und sozialpsychologische Konzepte in ein Gruppenmodell zu integrieren.

Der in der psychoanalytischen Betrachtung erst spät entwickelte adaptive und der ihm untergeordnete psychosoziale Gesichtspunkt: alles Verhalten wird durch die Realität bestimmt, ist vor allem durch soziale Interaktion determiniert, ermöglicht auch den Psychoanalytikern eine mehr soziodynamische Betrachtungsweise; danach wird das Verhalten des Individuums nach seinem Interaktionsstil (siehe auch Heigl-Evers 1970) gesehen und interpretiert.

Als eine Aufgabe der nächsten Zukunft stelle ich mir vor, die Gruppenmodelle der Psychoanalyse und Sozialpsychologie in ein neues Modell zu integrieren, das sowohl dem Individuum als sozialisiertem und internalisiertem System wie auch als interagierendem Lebewesen gerecht wird. Ein solches empirisch überprüftes Gruppenmodell könnte Anwendung in Lehr- und Lernmethoden des Bildungs- und Hochschulsystems (siehe auch Cohn 1970, Heigl und Heigl-Evers 1971) finden, in psychiatrischen Krankenhäusern wie in Kliniken überhaupt als gruppendynamische und psychoanalytische Denk- und Beobachtungsmethode, im Bereich der Sozialfürsorge und der Sozialpädagogik und natürlich in der analytischen und analytisch orientierten Gruppenpsychotherapie.

Zusammenfassung

Die vier Bedeutungen des Begriffes Gruppendynamik werden vorausgeschickt. Dann wird die Kleingruppe als Zwischeninstanz zwischen Individuum und Gesellschaft betrachtet, dabei jedoch die Wechselwirkung zwischen Kleingruppe und gesellschaftlicher Umwelt anders gesehen als die zwischen Individuum und Kleingruppe. Auf die Gefahren gruppendynamischer Praktika als Lehr- und Lernveranstaltungen zur Vermittlung gruppenpsychologischer Erfahrungen und Erkenntnisse wird hingewiesen.

Es wird beschrieben, wie sich nach dem Scheitern eines Kooperationsmodells im Plenum eines solchen Seminars vier Gruppen bilden. Eine Minoritätsgruppe von sechs Mitgliedern wird in ihren Verhaltens- und Prozeß-Sequenzen genauer untersucht und dabei der psychoanalytische und gruppendynamisch-sozialpsychologische Aspekt einander gegenübergestellt. Auf die Rolle des Konsultanten dieser Subgruppe wird näher eingegangen.

Anhand des Beispiels dieser Minoritätsgruppe und sonstiger Kleingruppenerfahrungen werden elf Thesen zum Problem der Minorität aufgestellt und dabei folgende Themen behandelt:

Die Lernmotivation,
die Vorurteilsbildung,
der Mechanismus der Sündenbocksuche,
die Beziehung von Majorität und Minorität im Sinne der reziproken Repräsentanz der Latenz
und die kreative Funktion einer Minoritäts-Subgruppe.

Zum Schluß werden psychoanalytische und gruppendynamisch-sozialpsychologische Konzepte und Begriffe miteinander verglichen und auf die Versuche der Integration dieser beiden Systeme hingewiesen.

Literatur

ADORNO, Th. W. u. DIRKS, W.: Soziologische Exkurse. Europäische Verlagsanstalt, Frankfurt 1956. – ALLPORT, G. W.: The nature of prejudice. Doubleday and Co, Garden City, New York 1954. – ARENDT, H.: Vita activa oder vom tätigen Leben. 1. Aufl., R. Piper und Co. Verlag, München 1960. – ARGELANDER, H.: Die Analyse psychischer Prozesse in der Gruppe. Psyche 17, 450, 1963/64. – BENNE, K. D.: History of the T-group in the laboratory setting. In: Bradford, L. P., Gibb, J. R., Benne, K. D.: T-group theory and laboratory method. John Wiley and Sons, New York 1964. – BENNIS, W. G.: Changing organizations. McGraw Hill Book Company, New York 1966. – BION, W. R.: Experiences in groups and other papers. Tavistock Publications, London 1961. – BRADFORD, L. P., GIBB, J. R. and BENNE, K. D.: Two educational innovations. In: Bradford, L. P., Gibb, J. R., Benne, K. D.: T-group theory and laboratory method. John Wiley and Sons, New York 1964. – COHN, R.: Das Thema als Mittelpunkt interaktioneller Gruppen. Gruppenpsychotherapie und Gruppendynamik 3, 251, 1970. – DÄUMLING, A. M.: Sensitivity-Training. Gruppenpsychotherapie und Gruppendynamik 2, 113, 1968. – GIESE, W.: Gruppendynamisches Seminar. Bericht im Rahmen der Hessischen Landeszentrale für politische Bildung. Wiesbaden, März 1970. – HEIGL, F.: Einige Gedanken zur Gruppendynamik. Z. Psychosomat. Med. und Psychoanal. 16, 80, 1970. – HEIGL-EVERS, A.: Die Gruppe unter soziodynamischem und antriebspsychologischem Aspekt. In: Preuss, H. G. Analytische Gruppenpsychotherapie. Urban und Schwarzenberg, München-Berlin-Wien 1966. – HEIGL-EVERS, A.:

Zur Behandlungstechnik in der analytischen Gruppentherapie. Z. Psychosomat. Med. 13, 266, 1967. – HEIGL-EVERS, A.: Einige technische Prinzipien der analytischen Gruppenpsychotherapie. P. Psychomat. Med. 14, 282, 1968. – HEIGL-EVERS, A.: Der Interaktionsstil der Paarlinge und die Soziodynamik der Zwillingsdyade bei gemeinsam aufgewachsenen erbgleichen Zwillingen. In: Salzman et alii, Fortschritte der Psychoanalyse, Hogrefe, Göttingen 1970. – HEIGL, F. und HEIGL-EVERS, A.: Gruppenposition und Lernmotivation. Gruppenpsychotherapie und Gruppendynamik 4, 3, 1971. – HILGARD, E. R. and BOWER, G. H.: Theories of learning. New York 1966. – HORN, K.: Politische und methodische Aspekte gruppendynamischer Verfahren. Das Argument 3, 261, 1969. – ISAACS, S.: Social development in young children. Harcourt, New York 1933. – LIEBERMAN, M. A., LAKIN, M. and STOCK WHITAKER, D.: Problems and potential of psychoanalytic and group-dynamic theories for group psychotherapy In: J. Group Psychotherapy 19, 131, 1969. – MERL, H.: Die Omega-Position in der analytischen Gruppe. Gruppenpsychotherapie und Gruppendynamik 1, 51, 1968. – MITSCHERLICH, A.: Auf dem Weg zur vaterlosen Gesellschaft. R. Piper und Co. Verlag, München 1963. – RAPAPORT, D.: Die Struktur der psychoanalytischen Theorie. Ernst-Klett-Verlag, Stuttgart 1959. – SHERIF, M. and CAROLYN, W.: Groups in harmony and tension. Harper and Brothers, New York 1953. – SKOWRONEK, H.: Lernen und Lernfähigkeit. Juventa-Verlag, München 1969. – STOCK WHITAKER. D. and LIEBERMAN, M. A.: Psychotherapy through the group process. Tavistock Publications, London 1964.

Edith Zundel

Gruppendynamik und Fortbildung im Verein Bewährungshilfe*

Der Verein Bewährungshilfe ist die zentrale private Organisation für Bewährungshilfe, einer Institution der Strafrechtspflege, die auf die Resozialisierung Straffälliger in Freiheit spezialisiert ist.

In den fünfziger Jahren eingeführt, ist die Bewährungshilfe ein verhältnismäßig junges Gebiet der Sozialarbeit — und zumindest in Deutschland — eine ebenso junge Form moderner Strafrechtspflege. Für die Justiz gewinnt sie um so mehr an Bedeutung, je mehr das Tat- zum Täterstrafrecht wird, je mehr der Sühnegedanke von dem der Resozialisierung abgelöst wird. Auf der anderen Seite ist es in der Bewährungshilfe eher als in mehr traditionsgebundenen Institutionen der Sozialarbeit möglich, neue Gedanken und Methoden der Sozialarbeit[1], besonders solche der sozialen Einzelhilfe (Casework)[2], aber auch der sozialen

* Fundort s. S. 144.

[1] Was Wesen und Funktion moderner Sozialarbeit eigentlich sei, gilt in Fachkreisen nahezu als Gretchenfrage. Berufsdefinitionen sind an sich schwierig, auch bei etablierten Berufen. In der Sozialarbeit ist der Prozeß der Professionalisierung noch nicht abgeschlossen; wahrscheinlich ist eine eindeutige Funktionsbegrenzung hier gar nicht möglich. So definiert Tufts: „... that the conception of the field of social work should above all be kept fluid in order to maintain in this profession at least an open mind towards humanity's changing needs and the best methods for meeting them." ([15] S. 30, 31). Eine solche Definition impliziert drei Faktoren: 1. wechselnde Bedürfnisse und Nöte; 2. infolgedessen wechselnde Formen der Hilfe und 3. die Vorstellung, daß diese Hilfe professional zu leisten sei.

In der modernen Sozialarbeit, die ja in einer relativ gut versicherten Wohlfahrtsgesellschaft geleistet wird, zeichnet sich ein starker Trend weg von materiellen und hin zu sozialpädagogischen Hilfen ab, mit besonderer Betonung partnerschaftlichen Verhaltens. Auf die Diskussion, ob Sozialarbeit nun Lückenbüßer sei für alle Nöte, die institutionell und pauschal nicht gelöst werden können, oder ob sie mit persönlicher und individueller Hilfe etwas Besonderes gegen Isolierung und Orientierungslosigkeit leisten, ob sie sich mehr um die Einordnung einzelner Devianter oder auf die Änderung von Systemen als spearhead sozialer Innovationen konzentrieren sollte, kann hier nicht eingegangen werden. Eine einfache Definition Konopkas mag die verschiedenen Aspekte zusammenfassen: „The social worker is expected by society to be able to assess, clarify and help individuals with the integration of their inner motives and the demands of their social environment and to help change social environment if it is detrimental to the social development of individuals." ([10] S. 25)

[2] Für viele andere mögen folgende Definitionen stehen: „Soziale Einzelfallhilfe ist eine Kunst, bei der die Erkenntnisse der Wissenschaften über die menschlichen Beziehungen und die Geschultheit im Handhaben von Beziehungen eingesetzt werden, um im Individuum Fähigkeiten zu mobilisieren und außerdem in der Gemein-

Gruppenarbeit (Social Group Work)[3] einzuführen und zu verwirklichen.

Abgesehen davon, daß die Fallzahl für den einzelnen Bewährungshelfer oft sehr hoch ist, sind die institutionellen Ausgangsbedingungen also günstig. Man kann innerhalb der Bewährungshilfe moderne Sozialarbeit betreiben, das heißt, Anstöße geben zu einem nachpubertären Sozialisierungsprozeß, zur — nicht nur passiv verstandenen — Einordnung in die Grundbeziehungen Familie, Beruf, Gesellschaft.

Es werden hier aber auch einige Probleme moderner Sozialarbeit deutlich: Die Probanden bringen oft massive psychische und soziale Störungen mit, die den Hintergrund ihrer Straffälligkeit bilden. Außerdem kommen sie nicht freiwillig zum Bewährungshelfer. Er ist für sie Teil der Autorität von Staat und Gesellschaft, gegen deren Normen der Proband durch die Straftat verstoßen hat.

Vom Bewährungshelfer fordert diese Arbeit einen erheblichen Grad fachlichen, vor allem psychologischen und soziologischen Wissens und die Fähigkeit, dieses Wissen sinnvoll anzuwenden. Darüber hinaus muß er die Hilfsquellen der Umgebung kennen: Behörden und Institutionen, Arbeitgeber und Familie des Klienten. Vor allem aber steht dem Bewährungshelfer die eigene Person und ihre Beziehung zum Klienten — aktualisiert in der Gesprächsführung — als Instrument der Hilfe zur Verfügung. Entscheidend ist dabei, inwieweit über die Zwangsbeziehung Proband — Bewährungshelfer hinaus ein Vertrauensverhältnis hergestellt werden kann.

Von daher gesehen lag es nahe, in die Fortbildungsarbeit des Vereins Bewährungshilfe gruppendynamische Veranstaltungen einzubauen. Gruppendynamik war dabei als Mittel zur besseren Selbsterkenntnis und Selbstkontrolle, besonders auch im Hinblick auf eigene Autoritätsprobleme, sowie zur besseren Erfassung zwischenmenschlicher Beziehungen gedacht, also als unmittelbare Hilfe für die praktische Arbeit des Bewährungshelfers. Der beabsichtigte Effekt ist ähnlich wie der bei der Supervision[4] angestrebte: sich der Fehlerquellen bewußt zu werden, die im eigenen Verhalten, in den eigenen Reaktionen dem Klienten gegenüber liegen. Analoges beschreibt Balint [2] mit einer Ärztegruppe. Allerdings können bei den Bewährungshelfern nicht in derselben Weise laufende Fälle laufend besprochen werden. Organisato-

schaft Hilfsquellen zu erschließen, die geeignet sind, eine bessere Anpassung des Klienten an das Ganze oder einen Teil seiner Umgebung herbeizuführen." ([4] S. 106)

[3] „Social group work is a method of social work which helps individuals to enhance their social functioning through purporseful group experiences and to cope more effectively with their personal, group or community problem." ([10] S. 134)

[4] Supervision ist eine zur Ausbildung von Sozialarbeitern entwickelte Methode, bei der — analog den Kontrollanalysen der Psychotherapie — Einzelfälle oder Gruppen, die der Lernende betreut, mit diesem laufend besprochen werden.

rische Gründe machen die Konzentration der Fortbildung zunächst auf einen zusammenhängenden Zeitraum notwendig.

1966 bereitete der Verein Bewährungshilfe unter Leitung des Geschäftsführers G. OBSTFELD zusammen mit T. BROCHER die neue Form der Fortbildung vor. Zunächst fanden zwei Seminare für zukünftige Teammitglieder unter Leitung von T. BROCHER und T. LINDNER statt. Teilnehmer waren neben Bewährungshelfern in Sozialarbeit erfahrene Pädagogen, Psychologen, Soziologen und Therapeuten, viele davon mit Praxis in sozialer Gruppenarbeit. Diese Gruppe entwickelte im Anschluß an die Seminare einen Rahmenplan für sogenannte problemgebundene, gruppendynamische Seminare. Leitidee dieser Seminare war, Vermittlung von sozialpsychologischem Wissen mit gruppendynamischen Lernprozessen zu verbinden. Mit diesen Seminaren wurde 1967 begonnen.

Seit 1968 dehnte der Verein Bewährungshilfe seine Fortbildungsangebote auch auf andere Teilnehmer im Bereich der Strafrechtspflege aus, mit dem Ziel, bessere und verständnisvollere Zusammenarbeit herbeizuführen.[5] Hier wurden Sensitivity Trainings im ‚klassischen' Sinn durchgeführt.[6] Auch der Kreis der Trainer hat sich erweitert, besonders durch die Zusammenarbeit mit dem psychologischen Institut der Universität Bonn.

Inzwischen sind folgende Seminare abgehalten worden: 7 problemgebundene gruppendynamische Seminare für Bewährungshelfer mit insgesamt 107 Teilnehmern;

4 Sensitivity Trainings, 3 davon für Sozialarbeiter, Psychologen und Pastoren aus dem Strafvollzug mit insgesamt 54 Teilnehmern, eines für Staatsanwälte, Richter und einige Sozialwissenschaftler mit 16 Teilnehmern.

Mit Ausnahme des letzteren dauerten alle Seminare eine Woche. Bei den problemgebundenen Seminaren wurde in der Regel in einem Plenum von durchschnittlich 16 Personen gearbeitet, bei den Sensitivity Trainings i. e. S. waren in den Trainingsgruppen 8—10 Teilnehmer. Die Teilnahme an den Veranstaltungen ist freiwillig. Bei den Bewährungshelfern besteht ein gewisser sozialer Druck — man muß dabeigewesen sein —, dem gelegentlich seitens der Dienststelle ein wenig nachgeholfen wird. Für die Teilnehmer entstehen keine Kosten.

Das Dozententeam der problemgebundenen Seminare setzt sich in der Regel zusammen aus einem Bewährungshelfer, einem gruppendynamisch

---

[5] Man geht dabei von dem Gedanken aus, daß die effektivste Annäherung verschiedener Standpunkte und Bezugssysteme, etwa des formaljuristischen und des sozialpädagogischen, in gemeinsamer Gruppenarbeit von Vertretern der verschiedenen Richtungen geschieht.

[6] Gemeint sind Trainings, wie sie etwa von A. M. DÄUMLING beschrieben werden. ([6] S. 113 ff.)

und einem gruppenpädagogisch orientierten Dozenten; diese sind meist Psychologen. Bei den Sensitivity Trainings wurde in der üblichen Form mit Trainer und Co-Trainer gearbeitet, die Psychologen, Analytiker, Therapeuten oder Bewährungshelfer waren.

Abschließend werten die Teilnehmer jedes Seminar aus mit einer Fragebogenerhebung und einer Diskussion über Methodik und Anwendungsmöglichkeiten des Gelernten in der Praxis. Außerdem werden etwa ein halbes Jahr nach dem Seminar die ehemaligen Teilnehmer noch einmal um eine Beurteilung gebeten. Grundgedanke dieser Auswertung ist, daß Erlebnisse und Meinungen der Teilnehmer an solchen Veranstaltungen Wesentliches zur Weiterentwicklung der Seminare beitragen können.

Wissenschaftlich gesehen hat die Auswertung den Charakter einer explorativen Studie, mit dem Vorteil plastischer Lebendigkeit und dem Nachteil, daß sich die Ergebnisse nur mit Vorbehalt quantifizieren lassen. Auch ist die Gesamtzahl der Teilnehmer verhältnismäßig klein. In ihrem Einfluß schwer abzuschätzende Variablen sind außerdem: a) die unterschiedliche Zusammensetzung der Gruppen und der Teams; b) das allmähliche Bekanntwerden der Seminare in Kreisen der Bewährungshilfe und ihr Image dort; c) die Tatsache, daß die Befragung durch Beauftragte des Veranstalters durchgeführt wird.

Im folgenden werden die Ergebnisse dieser Befragung in Auszügen wiedergegeben, ergänzt durch Ergebnisse der Abschlußdiskussionen und Erfahrungsberichte von Trainern und Dozenten. Da Sensitivity Trainings i. e. S. bekannter sind, soll hauptsächlich auf die Erfahrungen mit problemgebundenen Seminaren eingegangen werden.

a) Vorinformation, Auswahl und Zusammensetzung der Teilnehmer

Eigentlich ‚freiwillig' an einem Training teilnehmen kann nur, wer möglichst realistische Vorstellungen über Möglichkeiten, Grenzen und Risiken vor Beginn des Seminars hat. Ist der Teilnehmer erst einmal im Seminar, wird der ‚Sog' der Gruppe so stark, daß nur in den seltensten Fällen jemand ‚freiwillig' abreisen könnte. Damit kommt der Vorinformation eine erhebliche Bedeutung zu.

Der Verein Bewährungshilfe macht durch Rundschreiben oder Veröffentlichung in der eigenen Fachzeitschrift auf die Veranstaltungen aufmerksam; bestimmte Teilnehmer werden persönlich angesprochen. Nach der Meldung wird mit der Einladung ausführlichere Information inclusive Literaturangaben an die Interessenten versandt. Laut Umfrage fühlten sich ca. 90% der Teilnehmer dadurch ausreichend informiert (in den ersten Seminaren dürfte diese Zahl niedriger liegen; dort wurde diese Frage nicht gestellt). Als Informationsquellen wurden neben den genannten häufig die Kollegen angegeben. In Kreisen der Bewährungshilfe scheint sich eine Gruppe der ‚Eingeweihten' gebildet zu haben, die dafür hält, daß man ein Training einmal ‚durchgemacht' haben müsse.

Nach dem Eindruck der Trainer läßt sich schwer abschätzen, ob die formelle oder die informelle Vorinformation viel Einfluß auf das Verhalten der Teilnehmer während der Seminare hat. Allenfalls werden in den ersten Stunden Erwartungen und Ängste davon bestimmt. In den Abschlußdiskussionen betonen die Teilnehmer immer wieder, daß man ein Seminar erleben müsse, um zu wissen, was es sei, ein Ergebnis, das eigentlich nicht überrascht: Wo ‚Lernen vom Erleben her' geübt werden soll, kann die Vorinformation nur unvollständig sein. Die Entscheidung, zum ersten Mal an einem Seminar teilzunehmen, wird selten im realistischen Bewußtsein dessen getroffen werden können, was einen dort erwartet.

Dem Veranstalter ist der größte Teil der Teilnehmer bekannt. Gelegentlich wird ein wenig gesteuert; eine eigentliche Auswahl mit eventueller Zurückweisung bestimmter Teilnehmer findet jedoch nicht statt.

Bei der Zusammensetzung der Gruppen achtet man darauf, möglichst Teilnehmer nicht zusammenzubringen, die beruflich eng miteinander zu tun haben. Eine gewisse Schwierigkeit besteht darin, daß es nur wenige weibliche Bewährungshelfer gibt, das männliche Geschlecht in den Gruppen also weit überwiegt. Eine andere Schwierigkeit ist die Größe der Gruppen bei den problemgebundenen Seminaren, um so mehr, je mehr man im eigentlichen Sinne ‚trainiert'. Gelegentlich haben Gruppen Mühe, ältere Kollegen zu integrieren. Auch allzu große intellektuelle und bildungsmäßige Unterschiede erweisen sich als Hemmnis. Die berufliche Mischung bei den Sensitivity Trainings i. e. S., z. B. Sozialwissenschaftler mit Juristen oder Bewährungshelfer mit Teilnehmern aus dem Strafvollzug, erweist sich jedoch als besonders fruchtbar.

b) Die Verbindung von Wissensvermittlung und gruppendynamischer Methodik bei den problemgebundenen Seminaren

Diese von Brocher[7] angeregte Fortbildungsform war zunächst für alle Beteiligten neu. Zwar gab es einen Rahmenplan. Aber dieser sollte von Seminar zu Seminar und von Tag zu Tag den Bedürfnissen der Teilnehmer und dem Stand der Gruppe angepaßt werden. Das ist auch, z. T. unter Einbeziehung der Teilnehmer in die Planung, weitgehend geschehen. Gruppendynamische Elemente — Aufmerksammachen auf den Gruppenprozeß, Feedback, Durchspielen der Autoritätsproblematik — sollten immer dann in den Seminarablauf eingebracht werden, wenn dies von der Entwicklung der Diskussion her interessant und notwendig erschien.

[7] Die Grundgedanken sind inzwischen in Buchform erschienen [5].

Das erste Seminar lief schließlich folgerdermaßen ab:

Sonntag	nachmittags	Begrüßung, Vorstellung, Einführung
	abends	Sammlung der Probleme, die während der Seminarwoche besprochen werden sollen, in Kleingruppen.
Montag	vormittags	Auswertung der Problemsammlung Entwicklung des Beziehungsfeldes der Bewährungshelfer im Plenum Einordnung der Probleme ins Beziehungsfeld Fixierung von Schwerpunkten in Kleingruppen Rückbericht im Plenum
	nachmittags	Referat und Diskussion: Konflikte und ihre möglichen Lösungen im Plenum Rollenspiel Bewährungshelfer — Richter Diskussion im Plenum
Dienstag	vormittags	Referat und Diskussion: Bewährungshelfer — Proband 2 Fallbesprechungen im Plenum
	nachmittags	Gesprächsübungen in Dreiergruppen: Sozialarbeiter, Klient, Beobachter — es ist jeweils ein bestimmtes Problem in Erfahrung zu bringen und zu lösen Besprechung der Übungen im Plenum
Mittwoch	vormittags	Kommunikationsübungen in Dreiergruppen (ABC — Spiel nach BROCHER) Anschließend Trainingsgruppe im Plenum
	nachmittags	frei
Donnerstag	vormittags	Teilnehmergespräch zum Programm Kooperationsspiel nach BROCHER und Auswertung im Plenum Kurzreferat: Es — Ich — Überich im Plenum

	nachmittags	Rollenspiel in 2 Gruppen, Thema: ‚Hausbesuch des Bewährungshelfers'
Freitag	vormittags	Gruppendiskussion und deren Beobachtung Auswertung im Plenum Trainingsgruppe
	nachmittags	Praxisfragen, der Auftrag des Bewährungshelfers — Gruppengespräch im Plenum
Samstag	vormittags	Auswertung

Mit der Zeit haben sich diese Seminare immer mehr in Richtung der eigentlich gruppendynamischen Arbeitsweise entwickelt. Es wird immer weniger referiert und immer mehr ‚trainiert'. Zum Teil liegt das am ständig wachsenden Interesse der Teilnehmer, zum Teil an der zunehmenden Sicherheit der Dozenten in dieser Technik, zum Teil auch an gewissen Schwierigkeiten, die die Mischform mit sich bringt.

c) Das Verhältnis Sachproblem — gruppendynamische Methode

Zu diesem Thema ergab die Befragung unmittelbar nach den Seminaren folgende Ergebnisse:

Tabelle I

Frage: „Wurden bei der Tagung die Themen behandelt, die Sie gerne besprochen hätten oder nicht?"

Seminar Nr.	Teilnehmerzahl n	%	Antworten: volle Zustimmung %	kleine Einschr. %	große Einschr. %	Erwartungen nicht erfüllt-aber zufr. %	keine Antwort %
I	13	14	3	8	1	2	—
II	15	16	8	5	2	1	—
III	17	18	8	8	—	1	1
IV	16	17	4	3	9	1	—
V	19	21	8	6	4	3	—
VI	13	14	2	2	6	4	—
Summe	93	100	33	32	22	12	1

Die Kommentare zu den einzelnen Antwortkategorien lauten (Beispiele):

Zu ‚volle Zustimmung':

„Es klangen wieder alle Themen an, die wir in der Problemsammlung zusammengetragen haben. Vor allem wurde klar, daß es das Wichtigste ist, zu versuchen, sich über sich selbst klar zu werden, da man sich oft selbst im Wege steht und den anderen nicht sieht."

„Durch die Art der Behandlung der Themen ist bei mir die Auflockerung und auch ein Umdenken in manchen bisherigen Denkweisen angeregt worden, die ich mir in groben Vorstellungen erhofft hatte."
„Die Themen wurden behandelt, weil sie auf Grundzusammenhänge zurückgeführt und in ein Beziehungsfeld eingeordnet wurden".

Zu ‚mit kleinen Einschränkungen':

„Ja, wenn auch um der Zeit willen und um der Gruppe willen nicht ausreichend."
„Für die Lösung der mich interessierenden Themen hoffe ich sehr, Ansatzpunkte gefunden zu haben – nicht für alle."

Zu ‚mit großen Einschränkungen':

„Wurden Themen behandelt? Oder sollten Gefühle provoziert und auch manipuliert werden?"
„Ich hätte gern mehr über den neuesten Stand der Forschung gehört!"
„Ich hätte gern über besondere Problemfälle unter unseren Klienten gehört, z. B. Trinker oder Süchtige."

Zu ‚Erwartungen nicht erfüllt, aber zufrieden':

„Die angewandten Arbeitsmethoden waren mir völlig fremd und überforderten mich zunächst. Im Laufe der Zeit wurde mir ihr Sinn klar, und ich kam zu der Erkenntnis, daß sie so sein müssen."

Tabelle II

Frage: „Sagten Ihnen die angewandten Arbeitsmethoden zu?"

Seminar Nr.	Teilnehmerzahl		Antworten: volle Zustimmung	zunächst nein dann ja	teils/teils, kleine Einschr.	große Einschr.	keine Antwort
	n	%	%	%	%	%	%
I	13	14	3	4	3	4	—
II	15	16	12	1	3	—	—
III	17	18	11	3	3	1	—
IV	16	17	4	2	10	—	1
V	19	21	6	5	10	—	—
VI	13	14	3	4	4	3	—
Summe	93	100	39	19	33	8	1

Die Kommentare zu den einzelnen Antwortkategorien lauten (Beispiele):

Zu ‚volle Zustimmung':

„Die Methoden sind lebendig und erfassen sowohl den einzelnen als auch die Gruppe. Sie geben eine ausreichende Möglichkeit, sich selbst, seine Stellung und Aufgabe in der Gruppe zu erkennen. Außerdem bieten sie die Möglichkeit zur eigenen Korrektur."
„Trockenschwimmen wird auf anderen Tagungen genug geboten. Die praktischen Übungen und das Herausarbeiten wichtiger Punkte durch die Teilnehmer wirkt nachhaltiger auf den einzelnen. Die Erfahrung ist wirkungsvoller als die nackte Theorie, die hier erklärend und stützend, jedoch nicht belehrend auftrat."

Zu ‚zunächst nein, dann ja':

„Sie waren für mich neu und daher verlangten sie eine erhebliche Umstellung vorgefaßter Erwartungen."
„Die Arbeitsmethoden sagten mir zu, als ich erkennen lernte, was gewollt war ..."

Zu ‚teils/teils, kleine Einschränkungen':

„Ja, wenn auch persönlich nicht angenehm. Ich glaube aber, daß es nur durch die Gruppendynamik gelingen kann, so schnell zu einem Ergebnis zu kommen."
„Die Unruhe, die dadurch entsteht, daß die Methoden nicht früh genug bekannt werden, war nicht nur positiv."

Zu ‚große Einschränkungen':

„Diese Form der Erarbeitung nebst Kesseltreiben befremdet, strapaziert sehr, kommt aber wohl recht unterschiedlich an."
„Jeder Teilnehmer wurde angesprochen, nur reichte die Zeit nicht aus, um den Prozeß abzuschließen. Halbe Sache? Mir erscheint es außerordentlich schwierig, jetzt allein damit fertig zu werden."

Bei den Sensitivity Trainings i. e. S. liegt das Einverständnis mit den Methoden geringfügig höher als bei den problemgebundenen Seminaren. Die einschränkenden Bemerkungen sind allerdings etwas intensiver:

„Die Belastbarkeit des einzelnen bleibt eine Unbekannte."
„Hat mich persönlich zu stark aufgewühlt. Erfolg oder Mißerfolg vermag ich noch nicht zu beurteilen."
„Die Gegenkontrolle der Gruppenmitglieder zu den Trainern hätte ein stärkeres Gewicht haben können."

Sowohl bei der Frage nach den Themen als bei der nach den Methoden ist rund ein Drittel einverstanden (38,7 % bzw. 32,2 %). Gegen die Methoden werden weniger große Einschränkungen gemacht (7,5 %) als bei der Themenbearbeitung (22,6 %). Auch gibt es bei den Methoden mehr ‚Konvertiten' (19,4 %) als bei der Themenfrage (12,9 %). Gegen die Methoden hat man also weniger einzuwenden als gegen die Bearbeitung der Themen. Das hat verschiedene Gründe:

a) Die Seminare beginnen mit einer Sammlung der in der beruflichen Praxis anliegenden Probleme, die dann in ein sozialpsychologisches Bezugsschema eingeordnet werden. Diese Probleme, z. B. aus der Beziehung Bewährungshelfer — Proband — Richter, klingen im Seminarablauf zwar immer wieder an, werden aber kaum so dargestellt, wie es den ursprünglichen Erwartungen vieler Teilnehmer entspräche.

b) Die ursprünglich geplante Mischform zwischen sachbezogenem Lernen und Lernen durch Selbsterfahrung erfordert eine ungewöhnlich hohe Flexibilität vom Dozententeam und eine entsprechende Flexibilität von der Gruppe wegen der Notwendigkeit, die Aufmerksamkeit jeweils anders zu strukturieren. K. Horn berichtet ähnliches von der Kombination gruppendynamischer Verfahren und sachbezogener, in diesem Fall politischer Bildung. Er findet als grundsätzliche Schwierigkeit:

„Integriert man Gruppendynamik und politische Bildung ohne methodisches Problembewußtsein, besteht in einer konkreten Situation die Gefahr, daß z. B. die Erörterung politischer Probleme gerade in dem Augenblick mit dem Einbringen der gruppendynamischen Ebene abgewehrt wird, wenn an brisante Stellen oder auch nur an Fragen gerührt wird, die sachlich kontrovers sind oder hinsichtlich der Informationslücken bestehen. Umgekehrt wird als Abwehr der ja auch gar nicht beabsichtigten, adäquat nur vermittels psychoanalytischer Techniken erreichbaren therapeutischen Tendenz in gruppendynamischen Settings gerade dann eine sachliche Problematik zur Sprache kommen, wenn die Angst vor gefährlichen emotionalen Problemen zu groß wird." ([7] S. 261 ff.)

Analoges gilt, cum grano salis, auch für den vorliegenden Bereich, wenn man hier auch — gerade wegen der jeweiligen Entlastungsfunktion — das Hin und Her zwischen sachlicher und psychologischer Seite eines Problems nicht ausschließlich negativ sieht. Im übrigen ist, was auf der Ebene der Selbsterfahrung gelernt werden kann, im Bereich der Sozialarbeit mit sachlichen Kenntnissen und Erfordernissen weitgehend identisch oder integrierbar. Entsprechendes konzidiert HORN für die BALINT'schen Ärztegruppen ([7] S. 272). Die geschilderten Schwierigkeiten dürften für den Bereich Bewährungshilfe eher technischer als grundsätzlicher Natur sein.

c) Bei beiden Fragen, der nach den Themen und der nach den Methoden, schneiden die Seminare II und III am besten ab; mit fortlaufender Seminarnummer läßt die Zufriedenheit etwas nach. Nun zieht alles Neue zunächst interessierte und aufgeschlossene Menschen an. Auch das Team der Dozenten wechselte von Seminar zu Seminar. Die ersten Seminare unterscheiden sich von den späteren jedoch vor allem durch den verhältnismäßig großen Raum, den die Erörterung von Sachfragen einnahm. Bei den späteren Seminaren gaben Teilnehmer an, daß Sachfragen in der Freizeit erörtert würden und man sich eigentlich etwas mehr Zeit dafür wünsche.

d) Die Verlaufsform bei problemgebundenen Seminaren

Der Gruppenprozeß der problemgebundenen Seminare unterscheidet sich nicht grundsätzlich von dem eines Sensitivity Trainings i. e. S. Durch den sachbezogenen Beginn werden eingangs bei den Teilnehmern weniger Ängste und Frustrationen erzeugt. Ein Tiefpunkt entsteht häufig gegen Mitte der Woche, möglicherweise als Reaktion auf die allmählich eingeführte gruppendynamische Arbeitsweise. Meist ist er Ansatz zu Bearbeitung des Autoritätsproblems.

Nimmt man die Bewältigung des Autoritätsproblems als Kriterium für das Gelingen eines Seminars, so kann man die meisten der problemgebundenen Seminare als gelungen betrachten. Es hat sich sogar eine Faustregel bezüglich des Tages herausgestellt, an dem die Trainer ‚abgesetzt' werden. Möglicherweise ist die Frustration gegen Mitte des Seminars insofern glücklicher als die zu Beginn, als sich die Gruppe dann schon stark genug fühlt, um sich effektiv gegen die Trainer wenden zu können.

Ein anderer Grund mag in der besonderen Situation der Bewährungshelfer liegen. Partnerschaftlichkeit gehört zur Ideologie der Sozialarbeit. Auf der anderen Seite sind die Bewährungshelfer ständig mit dem relativ autoritären System von Justiz und Strafvollzug konfrontiert. Vielleicht ist durch diese Spannung der Grad der Bewußtheit der Autoritätsproblematik und die Bereitschaft, sich damit auseinanderzusetzen, größer als in anderen Berufsgruppen. Bei Staatsanwälten und Richtern und den Teilnehmern aus dem Strafvollzug, die Sensitivity Trainings i. e. S. mitmachten, dauerte derselbe Prozeß etwas länger, bzw. wurde nicht mit derselben Deutlichkeit durchexerziert. Wenn man aus der ‚Höhle' der Strafvollzugsanstalten kommt, dauert es offenbar eine Weile, bis man sich von der ‚Dienstvollzugsordnung' lösen kann. Bei Staatsanwälten und Richtern mag zu der Gewöhnung an normgebundenes Verhalten eine gewisse Spontaneitätsscheu des Akademikers kommen.

Schwieriger als beim Autoritätsproblem ist bei den problemgebundenen Seminaren die Terminierung des Feedback. Natürlich erfahren die Teilnehmer bei Rollenspielen und Übungen laufend Rückspiegelungen. Die Fertigkeit jedoch, während des Gruppengeschehens Feedback zu geben und zu nehmen, entwickelte sich bei den problemgebundenen Seminaren oft erst verhältnismäßig spät, wurde dann mit einer gewissen Funktionslust betrieben — jeder wollte noch einmal ‚drankommen' —, so daß es zum Schluß mancher Seminare zu einem Mammutfeedback kam, das problematisch war: Einmal kann bei solchen Abfertigungen reihum kein Feedback vom unmittelbar beobachteten Verhalten her gegeben werden. Zum andern kann man zu diesem Zeitpunkt nicht mehr viel aufarbeiten. Das spüren die Teilnehmer, und man geht manchmal so sanft miteinander um, daß der Nutzeffekt fraglich ist.

e) Neue Form der problemgebundenen Seminare

Um den genannten Schwierigkeiten besser gerecht werden zu können, wurde im letzten Seminar für Bewährungshelfer eine neue Form gewählt. Bei verlängerter Seminardauer wurde im Stil des klassischen Sensitivity Trainings begonnen, also im Wechsel von Trainingsgruppe und Arbeitsgruppe. In den Arbeitsgruppen wurden Übungen und The=

men speziell auf die Belange der Sozialarbeit abgestimmt. Die Theorie wurde weniger vorgetragen als in Kleingruppen erarbeitet und sowohl auf die Situation in der Trainingsgruppe als auf die Situation Bewährungshelfer — Proband übertragen. Z. B. wurde erarbeitet: ‚Was bedeutet ein Abwehrmechanismus für den Seelenhaushalt, was für die Realitätsanpassung?', die Ergebnisse im Hinblick auf Probanden und ihre Entwicklungsmöglichkeiten diskutiert und schließlich über das eigene diesbezügliche Verhalten in der Gruppe reflektiert. Im letzten Drittel des Seminars wurden die Trainingsgruppen auf eine — abends — reduziert und tagsüber Sachprobleme behandelt. Der Stoff, z. B. Umgang mit Haschischbenutzern, kam aus der Gruppe und wurde von den Teilnehmern besprochen, ohne auf die Leitung durch die Dozenten angewiesen zu sein. Die Einteilung in gruppendynamisch und sachbezogenen Teil des Seminars war den Teilnehmern vorher bekannt; außerdem nahmen jeweils zwei Teilnehmer an den abendlichen Stoffbesprechungen teil.

Die Auswertung dieses Seminars durch die Teilnehmer ist sehr positiv. Die anstehenden Sachprobleme wurden bearbeitet. Besonders eindrucksvoll waren jedoch die Wirkungen des geänderten Ablaufes auf die Gruppendynamik: Manche Prozesse, besonders auch das Durchspielen des Autoritätskonfliktes, kamen unter Zeitdruck schneller in Gang. Vor allem aber wirkte die Möglichkeit, in Sachdiskussionen sich bestätigen zu können, auf einige blockierte Teilnehmer befreiend und änderte ihr Verhalten auch in der abendlichen Trainingsgruppe.

f) Die Beurteilung der Seminare aus zeitlicher Distanz

Diese Beurteilungen sind noch nicht für alle Seminare vollständig eingegangen, deshalb wird auf eine quantitative Auswertung verzichtet. Es fallen hier zwei Dinge auf: einmal die Unmittelbarkeit und Lebendigkeit der Erinnerungen an die Seminare und zum andern, daß aus der zeitlichen Distanz eher positiver geurteilt wird als unmittelbar nach dem Seminar.

Befragt, was den Teilnehmern am meisten in Erinnerung geblieben ist, nennt die Mehrzahl das Gruppenerlebnis:

„Am eindrucksvollsten war für mich die Tatsache, daß alle am Seminar beteiligten Bewährungshelfer ihre mehr oder weniger großen Widerstände und Bedenken gegen die neue Art eines derartigen Seminars im Verlaufe des Seminars mehr und mehr abgebaut haben und zuletzt ziemlich voll konstruktiv und aktiv mitgearbeitet haben. Selbst ganz zurückhaltende Kollegen gingen gegen Ende des Seminars aus sich heraus. Diese Wandlung innerhalb einer Woche war erstaunlich."

„Die kameradschaftliche Atmosphäre, die harmonische Gemeinschaft, die selbst in kritischen Situationen nach einer sachlichen Lösung strebte, in der Rivalitäten fair, auf die Sache bezogen, ausgetragen wurden."

„Mir ist nahezu noch jeder einzelne Kursteilnehmer in Erinnerung, insbesondere jedoch die Gruppendiskussion über die Rolle des einzelnen in der Gruppe.“
„Am nachhaltigsten erinnere ich mich an die Diskussion über die Dynamik der Gruppe und über die Erörterung des Führungsproblems.“
„Ein sehr intensives Gruppenerlebnis, wie ich es noch bei keiner anderen Tagung erlebt habe. (Auch Erlebnis des gemeinsamen ‚Erduldens‘.) Wert für die Praxis: Nicht feststellbar.“

Nur ein Teil der Bewährungshelfer arbeitet in einer größeren Dienststelle mit Kollegen zusammen. Viele sind zwar Könige in ihrem Bereich, aber um den Preis einer gewissen Isolierung. Die Trainingsgruppe füllt für manche hier wohl ein Lücke aus. Offen bleibt, was es eigentlich für einzelne Teilnehmer bedeutet, wenn eine enge, als tragend empfundene Gruppenbeziehung nach einer Woche zu Ende ist. In den Abschlußdiskussionen wünschen sich die meisten Teilnehmer eine Fortsetzung in demselben Kreis. Ebenfalls offen bleibt, welche Übertragung solcher Gruppenerlebnisse in die berufliche Praxis möglich ist. Trainingsgruppen haben viele Züge von Primärgruppen, Gruppierungen im beruflichen Bereich sind meist sekundärer Natur. Denkbar wäre die Bildung örtlicher Gruppen zum Zwecke der Fallbesprechung nach dem Modell von Balint. In diesen Gruppen könnten auch manche Belastungen aufgefangen werden, die sich durch die Seminare ergeben.

Rollen- und Führungsproblematik ist im Bereich Bewährungshilfe aktuell. Die Bewährungshelfer unterstehen in der Regel dem Richter, der üblicherweise keine Fachaufsicht ausübt. ‚Oberbewährungshelfer‘ und ‚Supervisor‘ sind heißdiskutierte Themen. Dies besondere Interesse für Führungsprobleme, oder vielleicht besser gesagt: diese Allergie gegen Führungsansprüche aus den eigenen Reihen äußert sich übrigens auch darin, daß der Bewährungshelfer im Dozententeam der Seminare seinen Kollegen gegenüber einen schweren Stand hat. Die Gruppen schwanken zwischen Ablehnung und Kumpelei. Auch fachlich versierte Bewährungshelfer haben Mühe, als Teammitglieder zu fungieren und anerkannt zu werden.

Eine weitere Übertragungsschwierigkeit ist die von der Gruppe auf die Zweierbeziehung, in der die Bewährungshelfer mit ihren Probanden meist arbeiten. Hier wird allerdings in Rollenspielen und Gesprächsübungen viel ergänzt, was die Gruppe nicht bieten kann. Diese Spiele und Übungen werden denn auch fast einhellig als besonders ergiebig und praxisnah bezeichnet. Sie sind bei der Beurteilung des Seminarprogramms mit Abstand Favorit. Generell wird zur Übertragung auf die Praxis gesagt:

„Besonders in den ersten Wochen nach dem Seminar ‚blitzte‘ es gelegentlich eigentlich aus heiterem Himmel, ohne daß ich bewußt an irgendeine Situation während des Seminars gedacht hatte. Es schien in ‚Fleisch und Blut‘ übergegangen zu sein.“
„Den Wert für die Praxis sehe ich weniger in speziellen Erkenntnissen ..., sondern

in einem allgemeinen, vertieften Verständnis dafür, wie andere oder wie ich selbst in verschiedenen Situationen etwa als oben oder unten Stehender teils bewußt, teils unbewußt reagieren können."

„Im Gespräch mit Probanden erinnere ich mich manchmal plötzlich an das Seminar und versuche dann, meine Reaktionen zu kontrollieren."

„Am meisten habe ich die Rollenspiele in Erinnerung behalten. Dabei konnte ich in den verschiedenen Rollen erleben, wie wichtig es ist, auf den anderen zu hören und seine Argumente wirklich zu beachten."

Natürlich gibt es auch negative Stimmen:

„Für meine Person habe ich hier kaum etwas profitiert. Ob das überhaupt zu ändern ist, nämlich eine Wiedergabe der vielschichtigen emotionellen Begegnungen mit Probanden der schwierigsten Kategorie, vermag ich nicht zu sagen ... Das Gros der schweren Fälle wurde mehr oder weniger übergangen. Die Referenten waren in diesem Punkt überfordert. Hier fehlte ihnen jede Nähe zur Praxis."

„Bei einigen Mitgliedern hatte ich noch am letzten Tag den Eindruck, als ob man sie zwar mit großem Erfolg verunsichert hatte, aber keine Zeit mehr, ihren desolaten Zustand noch rechtzeitig wieder zu reparieren."

„Es war ein tiefgehendes und nachhaltiges, im ganzen recht positives Erlebnis ... aber trotzdem leider ... ‚ein Experiment in der Retorte'. Es ging keine Aktivität aus der Gruppe heraus beziehungsweise über sie hinaus. Sie konnte somit nicht erlebbar machen, was zu demonstrieren sich gelohnt hätte: ... wozu ein solches sozialdynamisches Training diese Erlebnisgruppe als Aktionsgruppe befähigt — zu welcher sozialen Leistung."

Zusammenfassend läßt sich feststellen:

Als positiv werden empfunden:

a) Die Methode des Lernens vom Erleben her als lebendige und unmittelbare Form, Neues aufzunehmen und zu integrieren.
b) Die Verfeinerung der Eigen- und Fremdwahrnehmung und damit Sensibilisierung dafür, was unterschwellig in sozialen Beziehungen mitschwingt und diese beeinflußt.
c) Das Entdecken und Ausprobieren neuer Formen das Agierens und Reagierens in einer Gruppe und die Möglichkeit der feineren Selbstkontrolle.
d) Das Wecken von Spontaneität und Eigenständigkeit im Denken und die Fähigkeit, sich adäquater ausdrücken zu können.
e) Die Auseinandersetzung mit der Autorität der Trainer und den Normen der Gruppe und damit die Möglichkeit, eine Rolle zu finden, die der eigenen Person und der Gruppe angemessen ist.

Als Schwierigkeit wird empfunden:

a) Die Verbindung von sachlicher Fortbildung und Gruppendynamik.
b) Übertragung des Gelernten und Erfahrenen auf die Praxis und generell auf andere soziale Beziehungen, speziell auf die Zweierbeziehung Bewährungshelfer — Proband.

c) Die Aktualisierung von Problemen einzelner Gruppenmitglieder durch den Gruppenprozeß, die in der kurzen Zeit nicht ausreichend aufgearbeitet werden können.
d) Das Gefühl der Provokation und Manipulation durch den Stoff, wenn es nicht ausreichend gelingt, das Gruppengeschehen transparent zu machen und die Gruppenmitglieder zur ‚Mündigkeit' zu bringen.

Einige dieser Schwierigkeiten stellen sich im Verein Bewährungshilfe nicht in derselben Schärfe wie anderswo. Im sozialen Bereich Tätige haben Selbstverständlichkeiten gemeinsam, die den Intentionen der Gruppendynamik, wie sie idealiter propagiert werden, entgegenkommen: die Bereitschaft, andere mit ihren Schwierigkeiten zu akzeptieren und die Toleranzbreite einer Gruppe eher auszuweiten, als einzelne zur Konformität zu zwingen, oder bestimmte Formen der Auseinandersetzung mit der Autorität der Trainer, die ihrerseits — und auch das gehört zum ‚Stil des Hauses' — das Selbständig- und Mündigwerden der Gruppen zulassen.

Insgesamt wird in diesem Bereich die Gruppendynamik als wichtiges und nützliches Mittel der persönlichen und beruflichen Fortbildung empfunden.

Literatur

[1] ACHINGER, H.: Die Rolle der Fürsorge im Aufbau der sozialen Sicherung, im Mitteilungsblatt des Deutschen Berufsverbandes der Sozialarbeiter 1958, Nr. 44. – [2] BALINT, M.: Der Arzt, sein Patient und die Krankheit, Stuttgart 1956. – [3] BENNIS, W. G., BENNE, K. D., CHIN, R.: The Planning of Change, New York 1961. – [4] BOWERS, S.: The Nature and Definition of Social Case Work in Principles and Techniques. In: Social Case Work, Selected Articles 1940—1950, Repr. New York 1962. – [5] BROCHER, T.: Gruppendynamik und Erwachsenenbildung, Braunschweig 1967. – [6] DÄUMLING, A. M.: Sensitivity Training. In: Gruppenpsychotherapie und Gruppendynamik Bd. 2, 1967. –[7] HORN, K.: Politische und methodologische Aspekte gruppendynamischer Verfahren. In: Das Argument, Sonderband zum 10. Jahrgang, Karlsruhe 1969. – [8] HUNZIKER, A.: Theorie und Nomenklatur in der Sozialarbeit. Luzern 1964. – [9] KOBLANK, E.: Die Situation der sozialen Berufe. Englewood Cliffs 1963. – [11] KRETCH, D., CRUTCHFIELD, R. S., BALLACHEY, E. L.: Individual in Society. New York 1962. – [12] LINGESLEBEN, O.: Die Berufssituation des Sozialarbeiters. Köln und Opladen 1968. – [13] SCHERPNER, H.: Theorie der Fürsorge. Göttingen 1962. – [14] THELEN, R. S.: Dynamics of Groups at Work. Chicago 1963. – [15] TUFTS, J. H.: Education and Training for Social Work. New York 1923. – [16] VOGEL, M. R.: Sozialpädagogik und Sozialarbeit in der heutigen Gesellschaft. In: Beilage zur Hamburger Lehrerzeitung. 16. Jahrgang, Nr. 17, Nov. 1963.

JOACHIM ILLIES

Biologie und Evolution des Gruppenverhaltens

(Ein Beitrag zur Zoologie des Menschen)*

Lange Zeit hat die wissenschaftliche Zoologie ihre Objekte ausschließlich als anatomische oder physiologische Phänomene betrachtet; erst seit kurzem werden in der Ökologie auch die Beziehungen zur Umwelt studiert. In der Ethologie, der vergleichenden Verhaltensforschung, einem ihrer jüngsten Zweige, bemüht sich die Zoologie heute um die Beobachtung der „zwischentierischen" Beziehungen, deren zumindest äußerliche Vergleichbarkeit mit unseren zwischenmenschlichen Beziehungen ein unerschöpfliches Reservoir von nachdenklich stimmenden, manchmal erheiternden, manchmal auch niederdrückenden Parallelen auftut.

Nach dem allgemeinen Durchbruch der Evolutionslehre gewinnen diese Parallelen einen hohen wissenschaftlichen Wert: Ähnliches Verhalten kann ebenso wie ähnlicher Körperbau als Ausdruck gemeinsamer Abstammung verstanden werden — zumindest dann, wenn der Biologe sein ständiges Spezialproblem „homolog oder analog?" für den jeweiligen Fall im Sinne des „homolog" (der echten Systemverwandtschaft) bejaht. Seit die Psychoanalyse mit SIGMUND FREUD als medizinisch-naturwissenschaftliche Disziplin die theologische Schallmauer zwischen der Deutung menschlicher und tierischer Verhaltensweisen durchbrach, holte sie für den psychischen Bereich nach, was die Evolutionslehre mit DARWIN für den Bereich der Physis erwiesen hatte. Nun war der Weg eigentlich frei für eine wechselseitige Erhellung zweier Wissenschaften, die das gleiche Grundphänomen des Psychischen an zwei verschiedenen Stellen des Evolutionsprozesses studierten, nämlich im zoologischen Vorfeld und im humanen Endstadium. Merkwürdigerweise hat aber die Psychoanalyse wenig Neigung gezeigt, von der Möglichkeit zoologischer Vergleiche Gebrauch zu machen. FREUD selbst kam ganz ohne sie aus. Aber seine generalisierende Deutung allen Triebgeschehens als Sexualität mußte die Zoologen zu-

---

* Als Vortrag gehalten auf der 4. Arbeitstagung des DAGG vom 4. 10. – 10. 10. 1971. Fundort s. S. 144.

nächst irritieren und zu Mißverständnissen führen. Denn bei der Beobachtung ihrer Objekte wurde klar, daß Sexualität hier eine untergeordnete, auf kurze Brunstperioden beschränkte Rolle spielt. Nur domestizierte Tierarten zeigen eine jederzeit aktivierbare Sexualität, so daß aus der Sicht der vergleichenden Verhaltensforschung das Menschenbild der Psychoanalyse in seiner Einseitigkeit mehr den Abstand als die Nähe zu den zoologischen Wildformen herstellt. KONRAD LORENZ glaubte denn auch (1943), im Evolutionsprozeß der Zivilisation von einer „Ver-Hausschweinung" des Menschen sprechen zu können, und ARNOLD GEHLEN konstatierte in seinem Gefolge eine allgemeine Instinktreduktion als Merkmal unserer Spezies.

Aus letztlich „ideologischen" Gründen schienen die Wissenschaften der Psychoanalyse und der Tierpsychologie nicht zusammenzupassen: Der Schlüssel, den die eine für das Verständnis der Phänomene bereit hielt, paßte nicht in das Schloß, das die Tür zum anderen Gebiet öffnen könnte. So beschränkten sich Human-Psychologen darauf, vom „Tierischen" in uns zu sprechen, ohne damit das eigentlich Zoologische zu treffen, während die Tierpsychologen — ich denke hier vor allem an KONRAD LORENZ und seine amüsanten Bücher über Hunde und Vögel — vom „Menschlichen" und „Allzumenschlichen" ihrer Objekte berichten, wenn auch stets mit den gebotenen Anführungszeichen. Der Ausruf von LORENZ: „Es gibt nur *eine* Psychologie!" blieb zunächst jedenfalls eine unerfüllbare Forderung, ein frommer Wunsch. Beide Forschungsbereiche entwickelten sich weiter nebeneinander her, als hätten sie sich nicht viel zu sagen.

Diese Situation hat sich nun in den letzten Jahren entscheidend geändert. In der Neopsychoanalyse hatte mit SCHULTZ-HENCKE eine Betrachtungsweise eingesetzt, die in der Anerkennung einer Vielzahl von Antriebsbereichen der naturwissenschaftlichen Realität auf dem Gebiet einer „Zoologie" der Seele gerechter wurde als der ursprüngliche FREUDsche Ansatz. Gleichzeitig erwies sich — beginnend mit den Untersuchungen von RENÉ SPITZ — der menschliche Säugling und das Kleinkind als das günstigste Forschungsobjekt, bei dessen Studium Mediziner und Zoologen sich begegnen konnten. Von ihren Beobachtungen an Verhaltensstörungen bei Kindern und Tieren ausgehend, hat dann die SCHWIDDER-Schülerin CHRISTA MEVES bewirkt, daß für uns Zoologen der Weg zu der „einen Psychologie" freigemacht wurde: In allen vier wesentlichen Antriebsbereichen der von ihr weitergeführten Neopsychoanalyse — im intentionalen, oral-kaptativen, aggressiven und sexuellen — wies sie nach, daß vergleichbare (und das heißt biologisch: homologe, stammesverwandte) seelische Strukturen die gemeinsame zoologische Basis sowohl für das normale wie für das gestörte Verhalten bei Mensch und Tier ausmachen. Die Zoologen haben dann, von solchen Vergleichen angeregt, die bisher trennende Wand bald von der anderen Seite her abgetragen. KONRAD LORENZ führte im „sogenannten Bösen" die Aggression, ein Erfahrungsgut der vergleichenden Verhaltensforschung, gegen den Widerstand der amerikanischen Behaviouristen in die Deutung des menschlichen Verhaltens ein und machte mit seinem Modell des „moral-analogen Verhaltens" zugleich eine saubere Trennung des biologischen Unterbaus vom humanen Überbau möglich. Der Damm ist gebrochen, und eine Flut von Bestsellern verarbeitet heute für das Bewußtsein eines breiten Publikums die Aggression und die Sexualität von der biologischen und der humanen Seite her. Die Mörderaffen von ARDREYS „Adam kam aus Afrika", WICKLERS „die Biologie und die zehn Gebote", EIBL-EIBESFELDTS „Liebe und Haß", aber auch MORRIS' „nackter Affe" sind — in durchaus unterschiedlicher Qualität — einige der bekanntesten buchhändlerischen Kanäle dieser Psycho-Welle.

Auch wir wollen heute ein Stück weit auf dieser Woge schwimmen, zugleich aber versuchen, sie in neue Räume zu lenken und weitere Teile des großen Areals zoologischer Fakten für ein Verständnis des menschlichen Verhaltens fruchtbar zu machen. Gemeint ist das Neuland des *Gruppenverhaltens*, das sich hinter den gut beackerten Bereichen der Persönlichkeitspschychologie auftut. Neu ist eine Betrachtung des Gruppenverhaltens allerdings für die Verhaltensforschung nicht; denn ihrer Methodik fehlt ja die verbale Möglichkeit des Kontakts mit dem Untersuchungsobjekt, und so hat sie von ihren Anfängen her die Interaktion zwischen Individuen als den wichtigsten und verläßlichsten Schauplatz des Verhaltens überhaupt betrachtet. „*Ein* Schimpanse ist kein Schimpanse" gilt hier als methodische Warnung, womit ein unübersehbarer Unterschied zur Humanpsychologie auftritt. Denn dort gilt — das sei auch gegen den Protest der modernen Soziologie gesagt —, daß auch *ein* Mensch, wenn er erwachsen ist, schon ein *Mensch* ist: zwar nicht Kaspar Hauser, wohl aber Robinson!

Doch wollen wir die Betrachtung dieser diffizilen Unterschiede zunächst noch aufschieben und das Feld der Gemeinsamkeiten betrachten, d. h. die Genese und Struktur tierischen Gruppenverhaltens, dessen komplette instinktive Grundausstattung — das sei mit Entschiedenheit betont — auch in unserem eigenen Antriebserleben unübersehbar deutlich bleibt. Die frühen Vorstellungen vom Kampf ums Dasein, vom chaotischen Kampf aller gegen alle, führte zwar zu der so eminent brauchbaren biologischen Selektionstheorie; es darf aber nicht vergessen werden, daß DARWIN sein Modell der Beobachtung darüber verdankt, wie die *Menschen* miteinander umgehen bzw. als Züchter mit ihren Objekten.

Tiere sind gar nicht so, bemerkte man bald — vor allem, als man sie in freier Wildbahn beobachten lernte. Weder ungehemmt oral=kaptativ noch überbordend intentional, weder tödlich aggressiv noch überhitzt sexuell, vollzieht sich ihr Leben größtenteils in Bahnen, die gegenüber dem menschlichen „struggle for life", gegenüber dem „rat=race" (wie es die Amerikaner in Verkennung der Rattenpsyche nennen) als gemäßigt und geradezu friedlich zu bezeichnen sind. Alle diese Antriebsstrukturen liegen bereit, werden aber nur durch bestimmte Schlüsselreize geweckt und verlaufen in gebahnten Ritualen. Das Ergebnis dieses Verhaltens ist das genaue Gegenteil von Chaos: die strukturierte Ordnung. Vor einem halben Jahrhundert (1922) wurde diese Erkenntnis von SCHJELDERUP=EBBE im Hühnerhof gewonnen: die *Hackordnung* ist die sichtbare äußere Form einer gruppeninternen Rangordnung, die als hochwertige biologische Leistung von den Individuen des Verbandes mittels abgestufter, meist sogar per Verschiebung ritualisierter Aggression erbracht wird. Aus der anonymen Schar (wie sie uns etwa ein Heringsschwarm zeigt, aber auch die Gruppen höherer Tiere, wenn in Panik=Situationen höhere Ordnung zusammenbricht) entwickelt sich die gegliederte Gruppe, die im einfachsten Fall ein Leittier herausstellt, schließlich aber zu vieldimensionaler hierarchischer Struktur fähig wird, in der jedes einzelne Mitglied einen festumrissenen Platz im Koordinatensystem der Ränge erhält.

Die naheliegenden Vergleiche zwischen solchen komplizierten Gruppen, besonders der Vor= und Nachteile des Sozialprestiges — vor allem bei Vögeln und Affen —, mit unseren menschlichen Hierarchien sind sehr instruktiv und fallen, je nach der Gestimmtheit des Betrachters, tröstlich oder bedrückend aus. Auffallend bleibt, daß den tierischen Rangordnungssystemen die feste „Planstelle" fast ganz fehlt, die für menschliche Traditionsgefüge so charakteristisch ist. Jeder Rang in einer tierischen Gruppe wird vom Titelhalter gegenüber jedem Herausforderer verteidigt, jedes Mitglied seiner Gruppe hat volle Aufstiegschancen und volles Risiko des Abstiegs. Nur wo der Mensch es leicht nimmt — im Spiel und im Sport —, gilt ähnliches auch für seine Gruppenstrukturen; wenn es Ernst wird, eben im berüchtigten „struggle for life", verlieren allein wir diese sympathischen zoologischen Züge des Konfliktverhaltens und sind in der Lage — und damit in der ständigen Versuchung —, nicht mehr moral=analog zu handeln, sondern unter die Gürtellinie zu schlagen. Offensichtlich ist dies die Unmoral, das nicht nur „sogenannte" Böse, die Unterschreitung des Biologischen, die jedem Tier unmöglich bleibt und allein uns vorbehalten ist. Doch enthält diese dunkle Stelle unserer Freiheit zugleich den Trost, daß sie der Hintergrund werden kann zu einer jedem Tier unmöglichen und allein uns vorbehaltenen *Überschreitung* der Biologie in den Bereich der freien Entscheidung zu sittlichem Handeln.

Wir würden aber tierische Hierarchien unterbewerten und falsch verstehen, wenn wir (wie es der unglückliche Ausdruck „Hackordnung" suggeriert) in ihnen allein den Ausdruck gegenseitiger Abstoßung erblicken würden, bei der sich jedes Mitglied der Gruppe an dem äußersten Punkt befände, den es gemäß der Stärke seiner Aggressionsantriebe gegen ständige Herausforderung gerade noch halten kann. Genaue Beobachtung zeigte bald, daß zumindest bei den Affengesellschaften Rangordnungskämpfe verhältnismäßig seltene Erscheinungen sind, und daß das in den Rängen zum Ausdruck kommende Kräfteverhältnis vielmehr über längere Zeiträume in stabilem Gleichgewicht ruht.

Es gibt so etwas wie eine rituelle Fixierung (eine „Respektierung") des Ranges, die bei Schimpansen schließlich sogar — fast möchte man sagen „ehrenhalber" — unter gänzlichem Verzicht auf weitere Titelkämpfe lebenslänglich zugestanden werden kann. So gibt es alte und ergraute, längst physisch nicht mehr kräftige Schimpansen mit hoher gesellschaftlicher Stellung — also doch auf „Planstellen", könnte man sagen!

Noch erstaunlicher wirkt die Übertragung der eigenen Ranghöhe auf Familienangehörige, zum Beispiel auf den Ehepartner, wie sie im Zusammenhang mit der Monogamie bei Dohlengesellschaften zu beobachten ist. Der „Respekt" gegenüber der Ranghöhe ist hier so fest eingebahnt, daß — wie Konrad Lorenz zeigte — ein durch Verpaarung mit dem Alpha=Tier zur „Königin" gewordenes Weibchen unabhängig von ihren eigenen Leistungen auch nach dem Tode des Männchens als Witwe an der Spitze der Gruppe bleibt. Übrigens muß sie dann zeitlebens Witwe bleiben, kann sich nicht neu verpaaren, da das entsprechende Verhalten aller in Frage kommenden Männchen der Gruppe im hierarchischen Gefälle grundsätzlich nach unten verläuft: ein höherstehendes Weibchen wird von ihnen daher nicht angebalzt.

Aber auch ein „Respekt" nach unten ist nachweisbar, wenn wir zu den Affengesellschaften zurückkehren. In Schimpansengruppen wird zwar, wenn die sozial noch nicht fest fixierten Jungtiere eine größere Beute finden, unter Aufsicht der Oberen geteilt; jedes erwachsene Gruppenmitglied aber genießt das volle Recht auf eigene Beute. Auch das Alpha=Tier sieht — mehr oder weniger gelassen — zu, wenn ein rangtieferes Gruppenmitglied ein gutes Stück findet (z. B. einen Vogel oder einen kleineren Affen). Der Affen=Boß wird allenfalls zusammen mit anderen Gruppenmitgliedern um einen freiwillig abzugebenden Anteil werben (d. h. mit ausgestreckter Hand betteln) — und wird ihn auch erhalten, wenn der Besitzer der Beute selbst satt geworden ist.

In solchem „Abgeben", ebenso auch im Sexualverhalten bei polygamen Gruppen, wird manchmal sogar ein Sympathie=Gefälle deutlich, das unabhängig von der Ranghöhe verläuft und sozusagen eine weitere

Dimension der Gruppierung darstellt, die man mit abgestufter Kumpanei bezeichnen könnte (um das Wort „Freundschaft“ zu vermeiden). Es gibt in komplexen tierischen Gruppen für das Individuum offenbar die Zugehörigkeit zu mehreren, voneinander unabhängigen Hierarchien, in denen das gleiche Tier ganz verschiedene Ränge bekleiden kann. Das Einzeltier steht damit im Schnittpunkt mehrerer Bande, sexueller und familiärer, gehört zu bestimmten Schlaf- oder Freßgesellschaften und Weidegänger-Kumpaneien, vor allem aber zu wechselnden, sich ad hoc bildenden Nachahmungsgemeinschaften. Die Bereitschaft zur Imitation ist es besonders, die als Gegenkraft das aggressive Gefälle immer wieder abbaut und manchmal sogar ganz aufhebt.

Die Zoologen hätten hier einen gesonderten Imitations-Trieb zu postulieren, hätte nicht Christa Meves den Antriebsbereich des Intentionalen, wie ihn Schultz-Hencke beschrieb, gerade in dieser Richtung entscheidend erweitert. Sie schreibt in Bezug auf das Intentionale: „Das Antriebsziel heißt Schutzsuche durch die Tätigkeit des Nachahmens oder — bei Tieren — des Nachfolgens.“ — Solches nachahmende Verhalten spielt in der Tat gerade in den höchstentwickelten Tiergesellschaften eine große Rolle und führt zu fluktuierenden Umgruppierungen, die ein dynamisches Element in das sonst starre System einbringen. Nachahmendes Verhalten bietet damit — ähnlich der Mutation im genetischen Bereich — der Selektion neue Verhaltensweisen, neue Traditionen zur Auswahl an. Das bekannteste Beispiel für solche „vorkulturelle Traditionen“, wie Wickler es nennt, bieten die japanischen Rotgesichtsmakaken, Verwandte der Rhesusaffen, deren Gruppen in freier Wildbahn beobachtet wurden. In einer Gruppe bildete sich im Verlauf einiger Jahre unter den Augen der Verhaltensforscher die Mode aus, Süßkartoffeln vor dem Verzehren in Bachwasser abzuwaschen. Ursprünglich hatte nur ein jüngeres weibliches Tier dieses Verhalten spontan „erfunden“ und bei sich selbst zur festen Norm eingeschleift. Nach einem Monat übernahm ein Spielgefährte die neue Sitte, später auch die Mutter, nach vier Jahren ein Viertel der aus 60 Tieren bestehenden Gruppe. Zehn Jahre später war das neue Eßverhalten für die Mehrzahl der Gruppenmitglieder zur festen Tradition geworden — ein erworbenes Verhalten war damit fixiert.

Alle diese Beispiele sollten klar machen, was als wichtige Grundregel für komplexe tierische Gruppen insgesamt festgestellt werden kann: Aggression, individuelle Abstoßung, ist zwar das Mittel, um diese Strukturen herzustellen, aber auch bindende Antriebe treten auf, und zwar nicht nur als Sexualität, sondern als eine freundlich getönte, intentionale Zuwendung. Wir kennen als Menschen aus eigenem Erleben die entlastende Funktion gelungener Solidarisierungen und dürfen annehmen, daß es den Tieren hier nicht anders ergeht. Der feste Platz in der Gruppenstruktur — das Ruhen in der Ordnung — erlaubt dem Individuum den Verzicht auf ständige Revierverteidigung und ist damit kräfteschonend. Darin aber liegt ein unmittelbarer Selektionsvorteil, denn in solchem Gruppenfrieden werden den einzelnen die Hände frei (bei Affen gilt dies Bild ganz wörtlich!) für ein spielerisches, intentionales Verhalten, das sogar kreativ sein kann. Nur durch personale Entfaltung ihrer Mitglieder kann so eine Gruppe von hohem Strukturwert entstehen, zugleich aber findet der einzelne nur im Schutz und in der Geborgenheit einer solchen Gruppenstruktur den Freiheitsraum für personale Entfaltung. Individualität und Gruppenstruktur bedingen sich also gegenseitig und bilden in ihrer funktionalen Einheit einen hohen Selektionsvorteil. In dieser Sicht ist die Menschwerdung nicht nur als ein anatomisch-physiologischer oder als individualpsychologischer, sondern auch als gruppendynamischer Evolutionsprozeß zu verstehen.

Der hohe biologische Wert intakter Gruppenstruktur läßt erwarten, daß zu ihrem Schutz in den Individuen besondere Verhaltensweisen bereit stehen. In der Tat gibt es nicht nur persönliche und arterhaltende Antriebsbereiche — wie sie im Oralen und Sexuellen besonders deutlich werden —, sondern darüber hinaus physiologische und psychologische Mechanismen, die eine gruppenerhaltende Wirkung entfalten. Oft sind es komplizierte Verschränkungen von aggressiven und intentionalen Antrieben, die bei Zunahme der Kopfstärke einer Gruppe schließlich zu deren Teilung führen und so den durch Überbesetzung gefährdeten Gruppenfrieden wieder herstellen. Affenhorden, Elefantenherden, Vogelgesellschaften haben daher gewöhnlich eine optimale Mitgliederzahl, die im einzelnen unterschiedlich sehr oft bei ca. 15—60 Tieren liegt.

Wenn man im Experiment die Teilung einer anwachsenden Gruppe durch Einschränkung des Territoriums verhindert, treten die Mechanismen deutlich zutage, die in jedem Individuum für diesen Fall bereit liegen. Die moderne zoologische Streß-Forschung hat dafür erstaunliche Beispiele geliefert. So experimentieren Autrum und von Holst in München mit asiatischen Spitzhörnchen (Tupaias), die für solche Beobachtungen besonders geeignet sind, da sich die Streß-Belastung bei ihnen äußerlich durch Sträuben der Schwanzhaare anzeigt und somit exakt meßbar wird. Unbekannte Objekte, plötzlicher Lärm, Entscheidungssituationen, vor allem aber die Begegnung mit einem unbekannten Artgenossen und die Herstellung der „Hackordnung“ mit ihm, erhöhen die Schwanz-Sträub-Zahlen im Tagesverlauf eines Tupaias signifikant. Jungtiere, die sich oft „aufregen“ müssen, also über die Norm erhöhte Schwanz-Sträub-Werte aufweisen, wachsen langsamer als ihre Geschwister; erwachsene Tiere können bei Verdopplung der normalen täglichen Streß-Rate in wenigen Tagen ein Drittel des Körpergewichts verlieren. Außerdem unterbleibt bei solchen Männchen die Spermienproduktion, und auch Weibchen im Überstreß werden steril. Wird der Streß weiter erhöht, muß sich ein Tupaia mehr als doppelt so oft wie normal „ärgern“, so stirbt es in einem allgemeinen nervösen Block.

Ähnliche psychosomatische Korrelationen sind auch bei anderen Tieren bekannt, zum Beispiel der „Bruce-Effekt“ bei Mäusen und Kaninchen: Schon begonnene Schwangerschaften werden abgebrochen, Embryonen resorbiert, wenn Überbevölkerung oder andere Streß-Situationen die Muttertiere beeinflussen. Bereits der Geruch eines fremden Männchens, das einem weiblichen Tier zu nahe rückt, kann bei Mäusen zu einem Schwangerschaftsblock führen. Solche Fakten — das sei am Rande bemerkt — machen es dem Zoologen schwer verständlich, daß in der Humanmedizin psychosomatische Zusammenhänge teilweise so hartnäckig geleugnet oder übersehen werden konnten. Bei Tierbeobachtungen sind diese Beziehungen auffallend und jederzeit experimentell verifizierbar: Magengeschwüre durch motorische Behinderung, Exophthalmus durch psychischen Schock sind bei Nagetieren innerhalb weniger Stunden herstellbar. Konstatieren wir also — gestützt auf die Zoologie, aber im Hinblick auch auf unser eigenes Gruppenverhalten —, daß höhere Tiere über komplizierte Mechanismen verfügen, die zur Kleinhaltung und damit zur Gesundheit der intakten Gruppe dienen: Vor allem sind es Abstoßungen, die zur Abwanderung einer Teilgruppe führen, und Unterbindung der Fortpflanzung durch Blockierung aller mit ihr zusammenhängenden Antriebsbereiche.

Abwanderung einer Teilgruppe im Gefolge von Abstoßungsreaktionen setzt die Existenz einer sich allmählich formierenden und zunächst geduldeten Minderheit voraus. In voller Schärfe aber können diese „gruppenhygienischen“ Maßnahmen auch dem einzelnen gelten und im Extrem zu seiner Vernichtung führen. Dieses Verhalten tritt bei vielen gruppenfähigen Tierarten auf, wenn ein fremdes Exemplar in das Gruppenrevier eindringt, es kann aber auch innerhalb der Gruppe selbst entstehen, wenn ein Einzeltier in körperlichen oder psychischen Merkmalen aus der Norm fällt. Diese Variante des aggressiven Gruppenverhaltens wurde von den Verhaltensforschern als „mobbing“ beschrieben. Es ist das „Ärgernis-Nehmen“, bei dem sehr oft Spielregeln wie „eine Krähe hackt der anderen kein Auge aus“ gänzlich aufgehoben werden. Die allgemeine aggressive Erregung gegenüber einem solchen Fremdkörper kann sehr groß werden, geradezu exzessiv: Ratten, Mäuse, in der Stallhaltung sogar Schweine, aber auch Tauben — für uns der Inbegriff der Friedfertigkeit — töten solche Eindringlinge entweder durch direkten tätlichen Angriff oder durch den intensiven Streß, den ihre feindselige, wenn auch ritualisierte Aggression auslöst. So stirbt eine Ratte, die man einer fremden Sippe zusetzt, bereits nach kurzer Zeit, auch wenn sie vor tätlichen Angriffen beschützt wird, an der unmäßigen Aufregung, die ihr durch die symbolischen Angriffsaktionen aller Mitglieder dieser Gruppe zugefügt werden. Hausschweine — die in der unnatürlichen Streß=Situation der Stallhaltung besonders von Herzinfarkt bedroht sind — kann man bei der Zuführung fremder Individuen zu einer konsolidierten Gruppe neuerdings dadurch nachhaltig beruhigen und am Mobbing hindern, daß man sie alle mit einem einheitlichen Parfüm bestäubt und so eine neue, künstliche Einheitsgeruch=Gruppe herstellt.

Der Eindringling, der zum Triebobjekt ungehemmter Aggressionsabfuhr wird, löst damit zugleich die Stauung, die bei dem stark rituell gehemmten Aggressionstrieb innerhalb der Gruppe entsteht. Gemeinsame Kampfaktionen gegen einen Gruppenfeind, ebenso aber das Mobbing gegen einen zum Feind gewordenen Artgenossen, erbringen daher offenbar einen Lustgewinn. Auf Eulen „hassende" Singvögel, die sich am Tage aufgeregt zwitschernd vor der Wohnhöhle des schlafenden Feindes versammeln, setzen dieses kämpferische Verhalten — sozusagen aus guter Gewohnheit — auch dann noch fort, wenn die Eule längst fortgezogen ist. Innerhalb einer Gruppe, die in gemeinsamem Mobbing einen Normensünder oder einen Eindringling ausgestoßen hat, klingt die Erregung erst nach längerer Zeit ab — die Gruppenstruktur konsolidiert sich, gemeinsame „Empörung" ist augenscheinlich ein eminent gruppenstärkendes Erlebnis. Man darf sogar annehmen, daß völliges Fehlen solcher gelegentlichen Gruppenfeinde das gruppeninterne Aggressionspotential so anstauen würde, daß es zu internen Abstoßungen und schließlich zur Teilung und Zersplitterung käme. Der „Feind" ist für den Gruppenbestand vorteilhaft; wenn es keinen gibt, kann einer „erfunden" werden, d. h. es kann ein Artgenosse zum Ersatzobjekt eines unabwendbaren Triebzieles werden.

Die Hinweise auf menschlichen Gruppenegoismus, auf die solidarisierende Wirkung gemeinsamer Empörung gegen Minderheiten, auf das positive Erlebnis der gruppeninternen Kameradschaft im Kriege, liegen so nahe, daß sie nicht unterlassen werden sollen. Sie gehören hierher, eben weil sie aus vergleichbaren Antriebsstrukturen herrührende homologe, d. h. stammesverwandte Züge bei Mensch und Tier sind. Wie wenig davon die Rede sein kann, daß wir Menschen „instinktreduzierte" Lebewesen seien, das zeigt eben die kaum beherrschbare „Urwüchsigkeit", mit der solche gruppenhygienischen Antriebsstrukturen in Menschengruppen aller Rassen und Völker latent sind und trotz aller kultureller Bemühungen oft genug hervorbrechen. Es bedarf äußerster sittlicher Anstrengung des einzelnen, um sich von dem Antrieb zum Mobbing (gegen Juden, Neger, Radfahrer, Gammler oder Professoren) frei zu machen.

Eine Vielzahl menschlicher — aber auch tierischer — Konflikte, die in der Geborgenheit der Gruppe beseitigt sind, erweisen sich als nur an die Grenze des Verbandes nach außen abgeschoben. Dort, an der gruppeneigenen Territoriumsgrenze, trifft der einzelne nicht mehr auf seinen „Nächsten" (mit dem der Gruppenkodex den Umgang regelt), sondern auf den Fremden, dem andere Verhaltensweisen gelten. Feine Nuancierungen solcher Fremdheit, die eine relative nachbarschaftliche Rangordnung unter Artgenossen zulassen, fand KONRAD LORENZ bei seinen Beobachtungen an Graugänsen. In einer Wildgans-Kolonie von etwa 150 Stück, also der Gänsebevölkerung eines ganzen Sees, ließ sich nachweisen, daß jedes Einzeltier den Familienrang und den dort bekleideten persönlichen Rang bei jedem anderen Einzeltier kennt und in seinem Verhalten berücksichtigt. Es kann dabei das ranghohe Tier einer rangniedrigen Untergruppe dem Rangniederen einer ranghohen Nachbargruppe übergeordnet sein — was auf menschlich übersetzt etwa hieße, daß der klassenletzte Oberprimaner den Primus der Sextaner zu grüßen hätte!

Gewiß sind Vergleiche zwischen menschlichem und tierischem Verhalten stets problematisch, doch kann das nicht bedeuten, daß wir sie gänzlich zu unterlassen hätten, sondern nur, daß wir sie realitätsgerecht vorzunehmen haben. Die Realität der Evolution, der Verwandtschaft zwischen Mensch und Tier vorausgesetzt, muß solcher Vergleich aber das legitime Mittel, ja sogar ein erstrebenswertes Ziel der Verhaltensforschung sein. Versuchen wir also vergleichend festzustellen, wo die Ähnlichkeiten enden und die Unterschiede beginnen, wenn wir das Verhältnis des Individuums zum gruppenfremden anderen betrachten. Es entspricht unserer kulturellen Tradition, daß wir gewohnt sind, bei uns selbst stets die Vorfrage zu klären, ob ein solcher anderer zur gleichen Art gehört — zur „Menschheit" in unserem Falle, oder ob er — „nur" — ein Tier sei. Dieser wichtige theoretische Unterschied für die Fakultäten der Universität und für den Sittenkodex des einzelnen sollte aber bei unserem Blick auf das zwischenmenschliche Verhalten nicht allzu ernst genommen werden. Denn er hat ideologische Züge und ist nicht ausschließlich an der Praxis des Verhaltens orientiert. Das macht jeder extrem aggressive Konflikt sofort deutlich: Wer um sein Leben kämpft, wer sich gegen einen Feind unter Aufgabe des Rituals „bis aufs Blut" verteidigt, der zeigt dabei — ob Mensch oder Tier — keine unterschiedlichen Verhaltensweisen gegenüber Artgenossen oder Andersartigen.

Das Tier ist außerhalb seiner Gruppe hauptsächlich von Andersartigen umgeben; interspezifisches Verhalten spielt in der breiten Skala von Freund bis zum Beutetier, vom Reviergegner bis zum Nahrungskonkurrenten eine große Rolle und ist daher für jedes tierische Lebewesen ein Feld ebenso reicher Konfliktmöglichkeiten, wie der Mensch sie im Bereich der „Menschheit" abmacht, im Felde der zwischenmenschlichen Antinomik, wie SCHWIDDER es nannte. Der Zoologe hat daher für ein Verständnis menschlichen Gruppenverhaltens mehr einzubringen als nur seine Kenntnis der intraspezifischen tierischen Verhaltensweisen. Auch das interspezifische Verhalten ist durch Antriebsmechanismen geregelt und führt letztlich zur funktionalen Ordnung der Biozönose, in der sich die Individuen der einzelnen Arten als Teilglieder eines größeren Ganzen integrieren. Nur dieses größere Ganze, die Biozönose (also z. B. die gesamte Tierwelt eines Teiches, eines Korallenriffs, eines Waldes) ist in ihrer wechselseitigen Bezogenheit aufeinander mit unserer menschlichen Lebensgemeinschaft, der „Menschheit" oder der Bevölkerung einer Stadt, vergleichbar.

Es war der Kieler Zoologe REMANE, der die Gesetze biozönotischer Ordnung in die Betrachtung der Sozialbeziehungen einbrachte. Er machte dabei deutlich, auf welchen Tatsachen die Ordnung solcher tierischen Lebensgemeinschaften beruht: Die einzelnen Mitglieder bringen ihre spezifischen Eigenarten ein und behalten ihre Eigencharaktere voll bei. Nicht Angleichung und Abbau der Unterschiede zwischen ihnen, sondern die Komposition und Zusammensetzung ungleicher Teile zu einer höheren Gesamtstruktur ist das Ergebnis. Wir können hinzufügen: Die Mitglieder der Biozönose benötigen ein Mindestmaß an Verschiedenheit (um soziologisch ganz deutlich zu werden: einen Mindestgrad an inégalité), damit ihre Zusammenfügung zu einer stabilen und leistungsfähigen Ordnung möglich ist.

Um diese biozönotische Zuordnung zu leisten, von der letztlich die Existenz der Individuen aller beteiligten Arten abhängt, muß eine Information oder doch ein Umgang mit Information über die Artgrenze hinaus möglich sein. Das Sender- und Empfängersystem für innerartliche Information (auslösende Schlüsselreize und antwortendes Verhaltensprogramm) birgt zugleich einen ständigen Konfliktstoff für außerartliche Beziehungen, führt zu einer naturnotwendigen zwischentierischen Antinomik: Benutzen die Gruppenmitglieder optische Auslöser, akustische oder Geruchssignale, um gegenseitig in „Stimmfühlung" zu bleiben, so sind solche Zeichen doch zugleich verräterisch für den Feind. Entzieht man sich aber der Aufmerksamkeit des Feindes durch Tarnung oder Totstellreflex, so ist damit zugleich auch die gruppeninterne Aktivität eingeschränkt. Eine Fülle von Mechanismen — Waffen, Panzer, optische, chemische oder akustische Abwehrstrukturen, Warnfarben, tarnende Verhaltensweisen — regeln im einzelnen dieses Nebeneinander der Biozönose=Partner. Auch hier gilt, daß bei näherer Betrachtung nicht chaotischer Kampf aller gegen alle herrscht, sondern eine geordnete Struktur der Beziehungen, eine Hierarchie, bei der jede Art zwischen den anderen ihre „ökologische Nische" findet und behaupten kann. Auf einer höheren Ebene sehen wir noch einmal die gleichen Gesetze wirksam werden, denen wir bei der gruppeninternen Rangordnung begegneten.

Wir wollen von Mechanismen, die biozönotische Beziehungen regeln, hier nur die betrachten, die in einem vorgebahnten Antriebsgeschehen, in einem spezifischen Verhalten bestehen. Sie dienen nicht dem Umgang innerhalb der Gruppe, sondern stehen speziell für die Begegnung mit dem Gruppenfremden, mit dem „Feind" bereit. (Daß es auch interspezifisches „Freund"=Verhalten gibt, z. B. in den gemischten Tierherden, sei nur am Rande bemerkt.) Die Phänomene der *Tarnung* und des *Warnens* erfüllen diese Bedingungen. Ein Hase, der sich starr mit angelegten Ohren auf den Ackerboden drückt, ein Plattfisch, der sich in der Färbung aktiv dem Untergrund angleicht, oder ein Schmetterling, der die rindenfarbenen Oberflügel über die bunten Hinterflügel legt, um mit dem Baumstamm zu verschmelzen — sie alle stellen gewissermaßen ihre optischen Sender ab und vermeiden es, Auslöser zu sein für das Suchverhalten eines möglichen Feindes. Dagegen warnt ein Augenfalter, der seine Flügel zu einer großen Tiergesicht=Atrappe spreizt, seinen Feind vor der eigenen (simulierten) Gefährlichkeit; auch der knurrende Hund legt seiner echten Größe durch Sträuben der Nackenhaare einiges zu, und der Hornissenschwärmer erinnert in seiner schwarz=gelben Tracht und seinem hornissenartigen Benehmen jeden möglichen Feind an die letzte, schmerzliche Begegnung mit einer echten Hornisse.

Es fällt nicht schwer, ein entsprechendes Verhaltensinventar tarnender oder warnender Signalsysteme auch bei uns zu entdecken. Sie dienen dem alltäglichen Umgang mit den Mitmenschen, soweit sie nicht zur eigenen Gruppe gehören. Sie schaffen den Abstand, in dem der einzelne allein fähig bleibt, seine Personalität in aller Masse durchzuhalten, nicht als Tropfen in einem Ozean an mitmenschlicher Solidarität zu ertrinken, sondern sich die seelische Substanz zu erhalten, die er für seine Gruppe — oder für die Vielzahl seiner Gruppen — braucht. Zwar droht ihm kein Feind, der ihn töten und verschlingen würde, aber unsere Träume machen deutlich, wie sehr jeder von uns in der seelischen Realität von gefräßigen Raubtieren, von bedrohlichen Gegnern umgeben wird und wie tief die Sehnsucht nach Geborgenheit unter seinesgleichen ist. Der heiter=gelöste Reisende, eben noch in vollem Gruppenfrieden seiner Reisegesellschaft, nun aber allein im Abteil zurückgelassen, will den Rest der Fahrt allein und bei der Lektüre eines Buches verbringen: Er wird zu diesem Zweck alle Register tarnender und warnender Verhaltensweisen ziehen müssen, wenn das Abteil sich neu füllt. Einerseits wird er auf alle Auslöser für Gruppenverhalten verzichten, wird zwar höflich grüßen, um das Mobbing zu vermeiden, dann aber still „die Ohren anlegen" (unsere Sprache versteht etwas von Verhaltensforschung!), um einem Gespräch zu entgehen. Nützt dies allein nichts, so wird er die Stacheln sträuben, finster und bedrohlich blicken, die angebotene Stimmfühlungsnahme eines freundlichen Lächelns mürrisch ablehnen und alle verfügbaren Warnfarben eisiger Ablehnung anlegen. Das wird genügen, falls er Mitreisende hat, die über das gleiche, gesunde biozönotische Verhaltensinventar verfügen: Er wird in Ruhe gelassen werden, was für jeden von uns außerhalb der Geborgenheit der eigenen Gruppe der nächst-optimale Zustand ist. Befindet sich allerdings ein Kleinkind im Abteil, so wird das Tarnen und Warnen nicht recht gelingen, denn das mächtige instinktive „Kindchen-Schema" in der eigenen Brust und die drängend-intentionale, überwältigend „unschuldige" Zuwendung des Kindes werden seine Isolation durchbrechen, wenn er kein „Unmensch" ist. Seine Ruhe ist gestört, aber vielleicht entsteht zugleich ein neuer Gruppenfrieden, den das Kind mit seinem naiven, gruppenbildenden Talent zwischen den Mitreisenden herstellt.

Der Mensch ein „instinktreduziertes" Wesen? Der Zoologe muß hier ernstlich protestieren: Er kann einen solchen Verlust an animalischen Antriebsstrukturen bei sich selbst nicht feststellen. Allerdings muß er zugeben, daß der normale Einzelmensch, wenn er sich aus der Sicherheit seiner Gruppe herausbegibt und damit ethologisch (und ethisch) isoliert — etwa in dem beziehungslosen Gewimmel auf der Straße einer fremden Großstadt —, sich in einer absolut ungewöhnlichen, mit dem Tierleben in freier Wildbahn nicht vergleichbaren Situation befindet. Wer als einzelner zwischen solchem Anprall werbender Auslöser und auf Distanz gerichteter Abstoßung seine Integrität bewahren will, muß über das gesunde psychische Vermögen verfügen, seinerseits Sender und Empfänger für Auslöserreize zu dämpfen, um sich diese Strukturen für einen sinnvollen Einsatz in der Gruppe zu bewahren. In dem Umfang, wie er seine Reizschwelle erhöht, wird die menschliche und kommerzielle Werbung rings um ihn her mit schrilleren Tönen und grelleren Signalen nach ihm greifen, so daß ein Teufelskreis entsteht, dessen marktschreierisches Inferno wir alle täglich erleben. Die Möglichkeit zur Dämpfung natürlicher Antriebe wird zur Lebensnotwendigkeit; nicht Reduktion der Instinkte, wohl aber ihre personale Regulation wird zur notwendigen Voraussetzung einer zivilisierten Existenz. Menschliche Gruppen werden so gesund oder so krank sein, wie dem einzelnen diese Regulation gelingt. Er wird seine gesunde „Zoologie“ nur dort voll entfalten können und auf ihr aufbauend sein eigentliches Anliegen, das mehr ist als jede Zoologie: seine sittliche Kultur. Wenn das gelingt, kann er auch über seine Gruppe hinauswachsen und einen — ganz unbiologischen, aber eben darum eigentlich menschlichen — Bezug zu allem Menschlichen, zur ganzen Biozönose der „Menschheit“ entwickeln. Es wäre die Evolution zu einer Brüderlichkeit, die schließlich keine Gruppen mehr kennt, sondern in der jeder einzelne, wo immer er auch steht, wie ungeborgen er auch sein mag, von sich sagen kann: „Hier bin ich Mensch, hier darf ich's sein!“

Literatur

Aus der umfangreichen Fachliteratur werden hier nur auswahlweise einige, größtenteils im Text erwähnte Aufsätze und Bücher genannt, die zur weiteren Einführung in die Thematik geeignet sind:

Eibl-Eibesfeldt, I.: Grundriß der vergleichenden Verhaltensforschung. Piper, München 1969. — Holst, D. von: Sozialer Streß bei Tupajas (Tupaia belangeri). Z. vergl. Physiologie 12: 421–450 (1969). — Illies, J.: Die Affen und Wir. Ro-ro-ro-tele Nr. 29, Rowohlt, Hamburg 1970. — Illies, J.: Zoologie des Menschen; Entwurf einer Anthropologie. Piper, München 1971. — Lorenz, K.: Die angeborenen Formen möglicher Erfahrung. Z. f. Tierpsychologie 5: 236–407 (1943). — Lorenz, K.: Das sogenannte Böse; zur Naturgeschichte der Aggression. Borotha-Schoeler, Wien 1963. — Meves, Christa: Vergleichbare Strukturen von Verhaltensstörungen bei Kindern und Tieren. Praxis d. Kinderpsychologie 16: 273–281 (1967). — Meves, Christa: Verhaltensstörungen bei Kindern. Serie Piper Nr. 20, Piper, München (1971). — Remane, A.: Sozialleben der Tiere. G. Fischer, Stuttgart 1971. — Tinbergen, N.: Tiere untereinander; Formen sozialen Verhaltens. Parey, Berlin 1967. — Wickler, W.: Sind wir Sünder? Droemer Knaur, München 1969.

Fundorte der Beiträge

ADOLF MARTIN DÄUMLING, Sensitivity Training. Der Beitrag basiert auf einer Arbeit gleichen Titels in: GuG* Bd. 2/1968, S. 113 ff. und der Arbeit: Die Herausforderung des Sensitivity Trainings. In: GuG Bd. 4, H. 1/1970, S. 1 ff.

ANNELISE HEIGL-EVERS, Gruppendynamik – lehrbar und lernbar. In: GuG Bd. 6, H. 3/1973, S. 303 ff.

RAOUL SCHINDLER, Das Verhältnis von Soziometrie und Rangordnungsdynamik. In: GuG Bd. 3, H. 1/1969, S. 31 ff.

ANNELISE HEIGL-EVERS und FRANZ HEIGL, Gruppenposition und Lernmotivation. In: GuG Bd. 4, H. 3/1971, S. 236 ff.

KLAUS ANTONS, Zum sogenannten Autoritätsproblem in gruppendynamischen Laboratorien. In: GuG Bd. 5, H. 2/1972, S. 203 ff.

AXEL SVENSSON, Bemerkungen zum Dependenz-Konzept und zu Interaktionsformen in Gruppen. In: GuG Bd. 4, H. 3/1971, S. 217 ff.

PIO SBANDI, „Feedback" im Sensitivity Training. In: GuG Bd. 4, H. 1/1970, S. 17 ff.

FRANZ HEIGL, Verhaltens- und Prozeßsequenzen einer Minoritätsgruppe in einem gruppendynamischen Praktikum. In: GuG Bd. 5, H. 1/1971, S. 17 ff.

EDITH ZUNDEL, Gruppendynamik und Fortbildung im Verein Bewährungshilfe. In: GuG Bd. 4, H. 1/1970, S. 55 ff.

JOACHIM ILLIES, Biologie und Evolution des Gruppenverhaltens. In: GuG Bd. 5, H. 2/1972, S. 121 ff.

Hinweise zu den Autoren

Dr. phil. KLAUS ANTONS, Dipl.-Psych., Ausbildungsreferent und Supervisor, Kurhaus Ringgenhof (Heilstätte für Suchtkranke), Wilhelmsdorf, Lehrauftrag für Medizinische Psychologie an der Universität Ulm, Trainer des DAGG

Prof. Dr. phil. ADOLF MARTIN DÄUMLING, Dipl.-Psych., Ordinarius für Psychologie, insbesondere Angewandte Psychologie und Direktor des Psychologischen Instituts der Universität Bonn, Mitbegründer des Zentrums für Gruppendynamik

Med.Dir. PD Dr. med. ANNELISE HEIGL-EVERS, Leiterin des Departements für Fortbildung, Dokumentation und Forschung im Fachkrankenhaus für psychogenetische und psychosomatische Erkrankungen Tiefenbrunn b. Göttingen (Niedersächsisches Landeskrankenhaus), Gründungsvorsitzende des Deutschen Arbeitskreises für Gruppenpsychotherapie und Gruppendynamik

Med.Dir. Dr. med. FRANZ HEIGL, Direktor des Fachkrankenhauses für psychogenetische und psychosomatische Erkrankungen Tiefenbrunn b. Göttingen (Niedersächsisches Landeskrankenhaus), 1. Vorsitzender des Deutschen Arbeitskreises für Gruppenpsychotherapie und Gruppendynamik

Prof. Dr. rer. nat. JOACHIM ILLIES, Ordinarius für Zoologie und Ökologie an der Universität Gießen, Leiter der Limnologischen Flußstation des Max-Planck-Instituts für Limnologie (Plön) in Schlitz/Hessen

Dr. PIO SBANDI, Dipl.-Psych., Priv.-Doz., Leiter der Pastoralpsychologischen Abteilung an der Universität Innsbruck, Vorstandsmitglied in der Sektion Gruppendynamik im DAGG

Primarius Dr. med. RAOUL SCHINDLER, Chefarzt am Psychiatrischen Krankenhaus der Stadt Wien und Leiter des Referates für Psychohygiene am dortigen Gesundheitsamt

Dr. phil. ALEX SVENSSEN (†), Dipl.-Psych., Wiss. Ass. am Psychologischen Institut der Universität Bonn, Mitglied des Zentrums für Gruppendynamik, Bonn

Dr. phil. EDITH ZUNDEL, Dipl.-Psych., Dozentin an der Fachhochschule Köln, Fachbereich Sozialarbeit

Gruppenpsychotherapie und Gruppendynamik

Ergebnisse und Berichte

Herausgegeben von Raymond Battegay, Adolf Martin Däumling, Helmut Enke, Peter Fürstenau, Annelise Heigl-Evers, Rauol Schindler, Hans Strotzka, Ambros Uchtenhagen

Die Zeitschrift ist Organ des Deutschen sowie des Österreichischen Arbeitskreises für Gruppenpsychotherapie und Gruppendynamik und des Schweizerischen Arbeitsausschusses für Gruppenpsychotherapie der Schweizerischen Ärztegesellschaft für Psychotherapie.

Jährlich erscheinen ein bis zwei Bände von je etwa 320 Seiten Umfang (= mindestens 2 Hefte).

Beim Bezug dieser Zeitschrift wird Studenten, nicht voll bezahlten Ärzten und den Mitgliedern der angegebenen Arbeitskreise ein Preisnachlaß gewährt.

INHALT VON BAND 7, HEFT 1 (1973):

VERLAG FÜR MEDIZINISCHE PSYCHOLOGIE IM VERLAG VANDENHOECK & RUPRECHT IN GÖTTINGEN UND ZÜRICH

Beihefte zur Zeitschrift

GRUPPENPSYCHOTHERAPIE UND GRUPPENDYNAMIK

1. Annelise Heigl-Evers

   Konzepte der analytischen Gruppenpsychotherapie

   1972. 96 Seiten, kart.

2. Manfred Pohlen

   Gruppendynamik

   Eine empirische und methodenkritische Untersuchung

   1972. 203 Seiten, kart.

Psychoanalyse und Gruppe

Herausgegeben von Annelise Heigl-Evers

Mit Beiträgen von Raymond Battegay, Jacob Christ, Helmut Enke, Siegmund H. Foulkes, Annelise Heigl-Evers, Franz Heigl, Albrecht Hering, Günter Laux, Hans G. Preuss, Hans Quint, Raoul Schindler

1971. 146 Seiten, engl. brosch.

(Kleine Vandenhoeck-Reihe 337 S)

„... auf 150 Seiten in handlicher Form 10 Beiträge von den namhaftesten deutschsprachigen Psychotherapeuten, das der interessierte Arzt und der Psychotherapeut, der auf Einzelbehandlung spezialisiert ist, mit Gewinn lesen kann. Die Arbeiten zeugen für das hohe internationale Niveau der deutschen Gruppenpsychotherapie, eine sehr viel jüngere Schwester der anglo-amerikanischen ..."

Zentralblatt für die gesamte Neurologie und Psychiatrie

Samuel R. Slavson

Einführung in die Gruppentherapie von Kindern und Jugendlichen

(Unveränderter Nachdruck von „Einführung in die Gruppentherapie".) Aus dem Amerikanischen übersetzt von Wolfgang Albrecht. Mit einem Geleitwort von George Stevensen.

1972, 254 Seiten, kart.

VERLAG FÜR MEDIZINISCHE PSYCHOLOGIE IM VERLAG VANDENHOECK & RUPRECHT IN GÖTTINGEN UND ZÜRICH

Seelsorge und Gruppendynamik

Herausgegeben von Dietrich Stollberg

(Themaheft der Zeitschrift „Wissenschaft und Praxis in Kirche und Gesellschaft“ 1970/9)

Inhalt: *Volker Drehsen*, Zur sozial-kulturellen Bedeutung der Gruppe / *Hans Georg Preuss*, Analytische Gruppentherapie / *Kurt Spangenberg*, Gruppendynamische Modelle für Erziehung und Unterricht / *Annelise Heigl-Evers* und *Albrecht Hering*, Darstellung eines Gruppenprozesses / *Pio Sbandi*, *Klaus Winkler*, *Eugen Mahler*, *Joachim Scharfenberg* und *Dietrich Stollberg*, Berichte aus gruppendynamischer Praxis / *Werner Müller*, Gruppendynamik und kirchliche Praxis / *Hans-Christoph Piper*, Clinical Pastoral Training / *Jürgen Hach*, Neuere Literatur zur Gruppendynamik

Franz Heigl

Indikation und Prognose in Psychoanalyse und Psychotherapie

Für die Praxis des Arztes, Psychotherapeuten und Klinischen Psychologen.

1972. 279 Seiten, kart.

Ilsabe von Viebahn

Seelische Entwicklungen und ihre Störungen

Ein psychoanalytischer Grundlehrgang

1972. 262 Seiten, Paperback

Werner Schwidder

Neurose und Psychoanalyse

Sieben Aufsätze mit einem Vorwort herausgegeben von Johann Zauner

1972. 104 Seiten, kart.

(Kleine Vandenhoeck-Reihe 362/363/364)

„... Der Verfasser hatte ein besonderes Geschick, die Ansichten orthodoxer Freudianer und der Psychoanalytiker anderer Schulrichtungen nebeneinander zu stellen und vorsichtig zu werten, ohne abzuwerten. Besonders geeignet für eine Basisinformation etwa in der Sozialarbeit und Sozialpädagogik, ohne daß der Wert für den analytischen Fachmann dadurch geschmälert werden sollte.“

Praxis der Psychotherapie

VERLAG FÜR MEDIZINISCHE PSYCHOLOGIE IM VERLAG VANDENHOECK & RUPRECHT IN GÖTTINGEN UND ZÜRICH